CUCUSQUIN REL.

INVENTAIRE
Z.30,402

ROMANS

COLLECTION HETZEL.

CAUSERIES

par

ALEX. DUMAS.

AH! QU'ON EST FIER D'ÊTRE FRANÇAIS.
A CEUX QUI VEULENT SE METTRE AU THÉÂTRE.
EUGÈNE SUE, SA VIE ET SES ŒUVRES.
ÉTAT CIVIL DU COMTE DE MONTE-CRISTO.
LES PETITS CADEAUX DE MON AMI DELAPORTE.
UN VOYAGE A LA LUNE.
CE QU'ON VOIT CHEZ MADAME TUSSAUD.

Édition autorisée pour la Belgique et l'étranger,
interdite pour la France.

COLLECTION HETZEL
H

LEIPZIG,
ALPH. DURR, LIBRAIRE-ÉDITEUR.
1857

VOYAGES — HISTOIRE — POÉSIES

BRUXELLES. — TYP. DE J. VANBUGGENHO[UT]
Rue de Schaerbeek, 12.

AH! QU'ON EST FIER D'ÊTRE FRANÇAIS.

En ma qualité d'écrivain romantique, autrement dit révolutionnaire, j'ai attaqué dans ma vie plus d'un corps constitué; je veux aujourd'hui m'en prendre à l'Institut. — Que voulez-vous! il n'y a rien de sacré pour moi.

Mais il faut vous dire d'abord comment j'ai été poussé à cette extrémité. On m'a fait une certaine réputation de raconteur, et j'en abuse.

Diable! j'ai peur que *raconteur* ne soit pas français, et forger un mot nouveau au moment où je viens dire à l'Institut qu'il ne sait pas le latin, c'est assez imprudent à moi.

Bah! si l'Institut prouve que je ne sais pas le français, et si je prouve que l'Institut ne sait pas le latin, on me nommera de l'Institut, voilà tout ; je n'en saurai pas mieux le français, et il y a gros à parier que l'Institut n'en saura pas mieux le latin.

Entrons en matière.

J'ai un ami — un ami de vingt ans — qui habite la rue de Lille; peut-être a-t-il le tort d'être prince, mais il rachète cela par le mérite d'être savant; oh! mais, soyez tranquille, *savant* et *sachant*, deux choses qui ne vont pas toujours ensemble.

Allons, voilà que j'ai encore forgé un mot : j'ai fait un substantif d'un participe présent.

N'importe, puisque j'y suis.

Donc, mon ami — prince — est non-seulement un *savant*, mais encore un *sachant*; amusant avec cela, spirituel par-dessus le marché : amusant comme Audubon, pittoresque comme Toussenel.

Or, l'autre jour, je le rencontrai dans la rue Pigale. Il était en voiture, j'étais à pied; il s'arrêta. Je montai sur son marchepied; nous nous embrassâmes.

C'est une habitude démocratique; mais mon

prince est un prince démocrate ; puis nous nous aimons, et je trouve tout simple, quand on aime les gens, de les embrasser. Il est là-dessus entièrement de mon avis ; ce qui fait que nous nous embrassons toutes les fois que nous nous rencontrons.

Par malheur, nous nous rencontrons rarement.

— Quand voulez-vous dîner avec moi ?

C'est mon prince qui parle.

— Quand vous voudrez.

C'est moi qui lui réponds.

— Aujourd'hui, cela vous va-t-il ?

— Non, je pars pour Bruxelles.

— Quand revenez-vous ?

— Lundi au soir.

— Voulez-vous mardi, alors ?

— Je veux bien.

— A mardi donc !

— A mardi !

Mon prince tire de son côté, moi du mien, et me voilà tout enchanté de savoir, le vendredi 18 septembre, que, le mardi suivant, je dînerai non-seulement avec un homme d'esprit, mais encore avec des hommes d'esprit.

Le lundi au soir, j'arrive de Bruxelles à minuit.

Le mardi, à cinq heures, je m'habille et je pars — contre toutes mes habitudes — à pied.

C'est ce qui me perdit.

Pour aller à pied de la rue d'Amsterdam à la rue de Lille, on passe par la place Vendôme.

Je ne vous apprends probablement rien de nouveau, chers lecteurs : sur la place Vendôme, il y a une colonne.

Jamais je n'avais eu l'idée de m'arrêter au pied de cette colonne; mais, ce jour-là, comment cela se fait-il? je m'y arrêtai.

Puis, peu à peu, je m'avançai et je m'appuyai sur la grille.

Puis je lus l'inscription gravée sur le piédestal.

Puis je tirai mon carnet de ma poche, et me mis à copier l'inscription.

Il faut croire que j'y avais pris tout à coup un vif intérêt et que mon esprit en était fort préoccupé; car j'oubliai complétement que j'allais dîner chez mon prince.

Je me figurai même que j'avais dîné; je repris le chemin de la rue d'Amsterdam, je rentrai chez moi et je repassai à l'encre les six lignes tracées au crayon sur mon carnet.

Ce travail me donna le résultat suivant :

NEA. POLIO. IMP. AVG.
MONVMENTVM. BELLI. GERMANICI.
ANNO MDCCCV.
TRIMESTRI. SPATIO. DVCTV. SVO. PROFLIGATI.
EX. ÆRE. CAPTO.
GLORIAE. EXERCITVS. MAXIMI. DICAVIT.

Racontons, d'abord, l'histoire de cette inscription ; ensuite, nous essayerons de la traduire.

Napoléon Ier avait le temps de commander des colonnes ; Napoléon Ier avait le temps de prendre les canons nécessaires à leur érection ; mais Napoléon Ier n'avait pas le temps de faire des inscriptions latines.

Or, ayant pris à Austerlitz une certaine quantité de canons, ayant résolu d'en faire faire une colonne dans le genre de la colonne Trajane ou de la colonne Antonine, un jour qu'il montait à cheval pour ne s'arrêter qu'à Berlin, et qu'il était pressé d'arriver, il manda aux Tuileries le secrétaire perpétuel de l'Académie des inscriptions, et lui dit :

— Monsieur, je pars pour la Prusse ; je ne sais pas quand je reviendrai ; mais je laisse du bronze pour fondre une colonne. Réunissez vos collègues et faites-moi une inscription latine, en style lapidaire, pour le stylobate de cette colonne. Le sens doit être celui-ci : « Cette colonne, fondue avec les canons pris sur l'ennemi, a été dédiée par l'empereur Napoléon à la gloire de la grande armée. » Je laisse la broderie à votre génie inventif. Elle s'élèvera au milieu de la place Vendôme, et portera la date de 1805.

Le secrétaire s'inclina.

Napoléon partit.

Rentré chez lui, le secrétaire fit trente lettres de convocation.

M. Tissot, élève de Delille, fut appelé en vertu du pouvoir discrétionnaire du président.

Le jour, où la trentième lettre était remise à domicile, Napoléon entrait à Berlin.

Les trente et un académiciens se constituèrent en séance, et usèrent en six mois trente et un dictionnaires de Noël.

On assure que trois d'entre eux profitèrent de l'occasion et apprirent le latin dans cet exercice acharné.

Enfin, un jour, on arbora le drapeau national sur le dôme de l'Institut : l'inscription était achevée. On voulut la lire à Napoléon ; mais il était à Vienne. D'ailleurs, il avait dit qu'il s'en rapportait à l'Institut : l'Institut pouvait donc aller de l'avant.

L'Institut alla de l'avant et fit graver en plein soleil l'inscription que j'ai citée plus haut.

Vous l'avez traduite, n'est-ce pas? Moi, aussi, je l'ai traduite, parbleu! Mais, attendez, nous mettrons tout à l'heure nos deux traductions en regard, et je ne doute pas que nous ne nous entendions.

Laissez-moi d'abord supposer une chose.

Supposons, ce qu'à Dieu ne plaise, qu'un jour les monuments de Paris seront couchés sur la poussière de son peuple, comme sont couchés sur la poussière des Chaldéens et des Arabes, ceux de Babylone et de Palmyre.

Supposons qu'un vol de savants australiens s'abatte, dans quatre mille ans, autour des ruines de la colonne triomphale de 1805.

Supposons, enfin, que les lettres de l'inscription soient restées visibles, et que les savants en question puissent lire ces dix-neuf mots latins et la date qui les accompagne :

NEA. POLIO. IMP. AVG.
MONVMENTVM. BELLI. GERMANICI.
ANNO MDCCCV.
TRIMESTRI. SPATIO. DVCTV. SVO. PROFLIGATI.
EX. ÆRE. CAPTO.
GLORIAE. EXERCITVS. MAXIMI. DICAVIT.

Voici, selon toute probabilité, quelle sera la traduction, mot à mot, des Champollion de 5857 :

Nea. Polio Néarque Polion, *imp.* général, *Aug.* d'Auguste, *dicavit* dédia, *monumentum* ce tombeau, *belli* de guerre, *Germanici* de Germanicus, *gloriæ* à la gloire, *exercitus* de l'armée, *Maximi* de Maxime, *anno* MDCCCV l'an 1805, *ex ære* de l'argent, *capto* pris, *profligati* du battu, *ductu suo* par sa conduite, *spatio* dans l'espace, *trimestri* d'un trimestre.

En bon français, comme nous disions au collége :

Néarque Polion, général d'Auguste,
Dédia ce tombeau de guerre de Germanicus
A la gloire de l'armée de Maxime,
l'an 1805,
Avec l'argent pris du battu par sa conduite
Dans l'espace d'un trimestre.

Et ils auront raison, les savants; car je vous défie bien, chers lecteurs, vous qui êtes contemporains de cette latinité-là, je vous défie bien de l'expliquer autrement.

Voyez dans quel doute pataugeront ces malheureux paléographes.

D'abord, ils se demanderont quel était ce Néarque Polion, général d'Auguste (*Nea. Polio imperator Augusti*); car, remarquez-le bien, il n'y a aucune raison pour qu'ils ne traduisent pas IMP. AVG, par *imperator Augusti*. Ce Néarque Polion les inquiétera donc prodigieusement.

Mais, enfin, ils penseront qu'il s'agit de quelque chef obscur entré dans les Gaules à la suite de César, et qui a pénétré dans cette petite Lutèce, aux rues boueuses, que, trois cents ans plus tard, le capricieux Julien devait choisir pour sa maison de campagne.

Ils passeront donc par-dessus Néarque Polion !

Mais ils seront arrêtés par le tombeau.

— Quel tombeau?

— Pardieu! *monumentum*. *Monumentum* veut dire tombeau, je crois!

— Tombeau ou colonne.

— Non pas : tombeau. Confondre l'un avec l'autre, c'est ignorer ce vers d'Horace, qui cependant est assez connu :

Ne injurioso pede stantem columnam.

Or, *monumentum* appliqué à une colonne, je le répète, signifie tombeau ; et la preuve, c'est que, quand le même Horace s'est servi de *monumentum*, dans son fameux *exegi*, il a voulu donner à entendre que son œuvre était un sarcophage plus durable que le tombeau de Mausole et même que les pyramides d'Égypte, nommées aussi par Virgile *monumenta*.

Horace ne se trompait pas : sa tombe de Tibur s'est écroulée dans la poussière humide des cascatelles ; mais la tombe qu'il s'est élevée à lui-même, de son vivant, est encore debout.

Les savants australiens adopteront donc LE TOMBEAU *de guerre de Germanicus*.

Et, en effet, je défie encore que l'on traduise *belli Germanici* autrement que par ces mots : *de la guerre de Germanicus*.

Mais, ici, naîtra, sous les pieds des malheureux

savants, le véritable embarras, l'indéchiffrable énigme, l'inextricable problème.

Comment Néarque Polion, général d'Auguste, dédiait-il, en 1805, à la gloire de l'armée de Maxime, lequel fut élevé à l'empire l'an 237, ce tombeau de Germanicus, lequel florissait seize ans après Jésus-Christ?

Voilà qui donne un fier démenti à Tacite, et une fameuse raison à M. Flourens, qui prétend, dans son dernier livre, que la vie de l'homme est illimitée!

M. Flourens à la main, nos Australiens expliqueront la longévité de Germanicus et l'éternité de Néarque Polion.

Mais, si Germanicus commandait les armées de Maxime au IIIe siècle, il n'est donc pas mort à l'âge de trente-quatre ans (an 19 de Jésus-Christ)?

Alors, s'il n'est pas mort à l'âge de trente-quatre ans, l'an 19 de Jésus-Christ, que deviennent Agrippine, son urne, ses deux enfants, son débarquement à Brindes, et cet immense concours de population faisant haie sur son passage, de la mer Adriatique à la mer Tyrrhénienne?

Et, ce qui est bien autrement regrettable, que devient le sublime hémistiche de Virgile : *Tu Marcellus eris?* Pauvre Virgile! le voilà, de par l'Institut de France, obligé de restituer les dix mille grands sesterces qu'Octavie lui avait fait accorder par vers, et grâce auxquels le cygne de Mantoue comptait exhaler son dernier chant à Athènes, ou dans Corinthe aux deux mers, *bimarii Corinthi.*

Infortunés commentateurs de la Palmyre parisienne! jamais ils ne pourront sortir de ces broussailles chronologiques; ils y resteront et ils y seront dévorés par les lézards de la rue de la Paix.

Laissons leurs squelettes blanchir sur le sable du désert, comme ceux des soldats de Cambyse, et reprenons la tâche où ils l'ont laissée, afin qu'aucune des beautés de cette magnifique inscription ne soit perdue.

Nous en sommes au fameux *trimestri spatio.*

Il faudrait, non pas une causerie circonscrite comme celle-ci, mais un volume tout entier pour s'extasier à l'aise sur les incommensurables beautés du *trimestri spatio!*

Napoléon avait dit à ses latinistes : « J'ai fait cette campagne en trois mois; ne l'oubliez point. »

Ils ne l'ont point oublié, les traîtres!

Trimestri spatio, l'espace d'un trimestre.

Prenez un écolier de septième, et dites-lui de traduire *en trois mois.* Il traduira du premier coup : *tribus mensibus.*

Prenez trente et un académiciens de 1805, et, après une grossesse de six mois, ils mettront au monde cet incroyable barbarisme de *trimestri spatio;* et le budget leur continuera jusqu'à leur mort, quinze cents francs d'appointements pour dormir là-dessus, et le double s'ils ronflent!

Il est vrai que nous y avons gagné une chose: c'est que *trimestri* est devenu, sur la place Vendôme du moins, l'adjectif de *spatio*.

Sans compter que *trimestri spatio* est suivi de *ductu suo*, qui ne lui cède en rien.

Ductu suo!...

Quoi! pas un de ces latinistes de 1805 ne s'est donc souvenu de ce vers de Virgile :

Nil desperandum Teucro duce et auspice Teucro?

Ainsi cet ablatif *duce*, qui revient à chaque page et avec une monumentale solennité, dans les historiens et poëtes latins, est remplacé par cet abominable et impossible *ductu suo*, qui ne veut pas même dire *sous sa conduite*, mais *par sa conduite*.

« Ah! si le roi le savait! » disait-on sous Henri IV. Ah! si Napoléon l'avait su!...

Mais attendez, chers lecteurs; oh! vous n'êtes pas au bout, et vous allez voir qu'il y avait là de quoi me faire oublier que j'étais invité à dîner.

Voici venir le suprême effort de l'intelligence de ces messieurs. Après cela, il faudra tirer l'échelle, — en profitant, s'il est possible, du moment où ils auront le pied sur le plus haut échelon.

« Avec les canons pris sur l'ennemi. » Napoléon avait désiré que ce fait fût consacré dans l'inscription.

Canons?... diable!

En effet, cherchez canon dans le dictionnaire de Noël, et vous trouverez *tormentum bellicum*.

Cherchez fusil, et vous trouverez *catapulta*.

Comment ces inscripteurs académiques pourront-ils traduire la pensée de Napoléon : « Cette colonne fondue avec les canons pris sur l'ennemi? »

Vont-ils dire : *Hanc columnam compositam cum tormentis bellicis, captis desuper hostibus?*

Non.

On reconnut unanimement l'impossibilité de désigner les canons avec ces deux mots : *tormentis bellicis.*

Il y eut une discussion furibonde sur cet article.

M. Tissot, élève de Delille, penchait pour *tormentum bellicum;* car c'était lui qui avait donné le mot à Noël.

On discuta sur la locution pendant trois mois, *trimestri spatio*. Enfin, les parties transigèrent; on adopta : *ex œre capto profligati;* ce qui ne signifie pas le moins du monde « avec les canons pris sur l'ennemi, » mais *avec l'argent pris du battu.*

Æs alienum, l'argent étranger, comme dit le droit romain [1]; *œre privato*, comme dit l'inscription du passage Saint-Hubert, à Bruxelles, inscription que les gamins brabançons traduisent par ces mots : *privé d'air*.

Les canons furent démontés ; M. Tissot se voila la face, et alla emprunter cinq cents francs à M. Jullien de Paris, pour se consoler de l'*œre capto*.

Quelques années après, la Société royale de Londres se trouvait dans le même embarras à propos d'un mortier pris à Salamanque, par le duc de Wellington et envoyé en Angleterre comme trophée. Les guerriers compromettent de tout temps les latinistes !

Laissez-moi vous conter l'histoire de ce mortier. Elle n'est pas à la gloire de la nation française ; mais que voulez-vous ! la vie d'un conquérant ne se compose pas uniquement de journées qu'on appelle Rivoli, les Pyramides, Marengo, Austerlitz, Iéna et Friedland : elle a ses jours de brume après ses jours de soleil. Toute médaille a son revers.

Le 12 juillet 1812, le duc de Wellington remporta donc une grande victoire sur le duc de Raguse. Les Anglais appelèrent cette journée la ba-

---

[1] *Non dicitur bonum nisi deducto* ære alieno.

taille de Salamanque; les Français l'appelèrent la bataille des Arapiles. Mais cela ne changea rien au résultat; — le fait est que nous fûmes battus.

Le duc de Wellington nous prit bon nombre de canons dans cette affaire, et, entre autres, un mortier complétement neuf, et qui n'avait jamais tiré.

Pourquoi le duc de Wellington s'attacha-t-il particulièrement à ce mortier? Est-ce à cause de son innocence? C'est probable.

En tous cas, il écrivit au lord maire :

« Milord,

» La présente est pour vous annoncer que je viens de remporter près de Salamanque une grande victoire sur les Français. Je leur ai pris bon nombre de canons, parmi lesquels un mortier qui n'a jamais fait feu. Je désire que vous lui trouviez une place bien en vue et qu'il soit exposé à la curiosité des habitants de Londres, avec une inscription latine qui indique son origine.

» J'ai l'honneur d'être, etc.

» P. S. Je sais bien que cela ne vous regarde pas. Mais, comme le roi est fou, comme le prince régent n'est occupé que de ses plaisirs, je m'adresse à qui je puis, et non pas à qui je voudrais. »

Le lord maire était le héros de la brasserie de

l'époque, comme l'est aujourd'hui Whitbread ou Barclay-Perkins.

Le lord maire savait l'arithmétique jusqu'à l'algèbre, mais il ne savait pas le latin.

Il fit venir le premier secrétaire du premier chambellan, lui montra la lettre de lord Wellington, lui annonça l'arrivée du mortier, et lui expliqua son embarras sur deux points : l'endroit où le mortier devait être exposé, la rédaction de l'inscription.

Le premier secrétaire du premier chambellan était un élève de l'université d'Oxford ; il avait doublé sa philosophie, avait été cinq fois premier prix en thème ; mais, depuis sa sortie du collége, n'ayant pas eu l'occasion de parler le latin, il l'avait tant soit peu oublié.

Il commença par discuter, avec le lord maire, l'endroit où l'on placerait le fameux mortier.

Il n'y avait pas de musée, à Londres : on en faisait bien un à Charing-Cross, mais il n'était pas fini ; il y avait bien la Tour de Londres, l'hôtel des invalides de mer fondé par Guillaume III, et l'hôtel des invalides de terre fondé par Ellen Gwynn, appelée familièrement Nelly Gwynn ; mais l'hôtel des invalides de mer est à Greenwich, c'est-à-dire à deux heures du centre de Londres, et l'hôtel des invalides de terre est dans le bourg de Chelsea, à la même distance à peu près que Greenwich.

COLLECTION HETZEL.

CAUSERIES

PAR

ALEXANDRE DUMAS.

AH ! QU'ON EST FIER D'ÊTRE FRANÇAIS.
A CEUX QUI VEULENT SE METTRE AU THÉATRE.
EUGÈNE SUE, SA VIE ET SES OEUVRES.
ÉTAT CIVIL DU COMTE DE MONTE-CRISTO.
LES PETITS CADEAUX DE MON AMI DELAPORTE.
UN VOYAGE A LA LUNE.
CE QU'ON VOIT CHEZ MADAME TUSSAUD.

Édition autorisée pour la Belgique et l'étranger,
interdite pour la France.

LEIPZIG,
ALPH. DURR, LIBRAIRE-ÉDITEUR.

1857

Restait la Tour ; mais les étrangers seuls visitent la Tour.

Les désirs de Sa Grâce lord Wellington ne seraient donc qu'à moitié accomplis, puisqu'il voulait que son trophée fût bien en vue.

Il est vrai que le lord maire, que la chose ne regardait en effet aucunement, puisque sa juridiction ne s'étend pas au delà de la Cité, pouvait renvoyer la balle à qui de droit ; mais, quand on a l'honneur d'être chargé d'une pareille commission par un homme comme Sa Grâce lord Wellington, on fait ce qu'il demande, ou l'on crève à la peine.

Heureusement, il vint une idée au premier secrétaire du premier chambellan : c'était de demander au directeur des parcs et des châteaux royaux une place pour le fameux mortier dans Saint-James park.

Il va sans dire que la place fut accordée avec enthousiasme.

Restait l'inscription.

Dix ans auparavant, le premier secrétaire du premier chambellan l'eût faite sans hésitation aucune ; mais, nous l'avons dit, depuis son premier prix de thème, remporté en 1799, il s'était un peu rouillé.

Il eut l'heureuse idée de s'adresser à la Société royale de Londres, qui n'est rien autre chose que

2

l'Académie des inscriptions et belles-lettres de la Grande-Bretagne.

Elle se compose, comme la nôtre, de quarante membres.

Sur ces quarante membres, il y en avait trente-neuf qui n'avaient jamais su le latin.

Le président jugea donc inutile de les rassembler.

Ce président était le révérend John Luxton.

Moins les études sur Delille, il pouvait représenter à Londres ce que M. Tissot représentait à Paris.

Le révérend Luxton avait franchi le détroit et visité la capitale de la France; il avait passé sur la place Vendôme, s'était arrêté, comme nous, devant la colonne, et, comme nous, avait lu et retenu la magnifique inscription rédigée par l'Académie sur l'ordre de l'empereur.

Cette inscription, si claire, si élégante, qui dit si bien ce qu'elle veut dire, l'avait toujours frappé, et il s'était promis, l'occasion s'en présentant, d'enrichir Londres d'une provision de barbarismes non moins solennels.

L'occasion se présentait.

Le révérend John Luxton reçut donc le premier secrétaire du premier chambellan comme Fourier eût reçu le capitaliste qu'il attendit pendant dix ans, de midi à deux heures, et qui devait lui apporter les six millions nécessaires à la fondation de son phalanstère.

Après avoir pris connaissance de la lettre de Sa Grâce, après avoir tressailli de joie et rougi de plaisir :

— *Habes verbum*, dit-il avec un sourire aussi agréable que peut le grimacer un savant.

Pour ceux qui se trouveraient dans le cas des trente-neuf membres de la Société royale, c'est-à-dire qui ne sauraient pas le latin, hâtons-nous de dire que *habes verbum* veut dire : « Vous avez la parole. »

Le premier secrétaire du premier chambellan ne parlait plus la langue de Cicéron, mais il l'entendait encore.

Aussi répondit-il en anglais :

— Illustre savant, vous connaissez les désirs de Sa Grâce lord Wellington, qui nous fait l'honneur de s'adresser à nous, quoique la chose ne nous regarde pas; mais, comme c'est un grand philosophe en même temps qu'un grand guerrier, il a deviné que la besogne qu'en général l'homme fait avec le plus de plaisir, c'est celle qui ne le regarde pas.

— *Yes*, répondit le révérend faisant une concession à l'idiome maternel. *Sed quœcumque materiœ de locis et hominibus mihi sunt necessariœ for to do my inscription in latinum.*

Ce qui voulait dire, pour ceux qui ne sauraient ni l'anglais ni le latin : « Oui ; mais quelques renseignements sur les hommes et les lieux me sont nécessaires pour faire mon inscription latine. »

Maintenant qu'il est bien établi que le premier secrétaire du premier chambellan entend le latin, et que le révérend John Luxton parle anglo-latin, nous demandons à nos lecteurs de nous permettre de continuer le dialogue en français, ce qui leur sera plus commode, et à nous aussi.

— Quel était d'abord le nom du général qui commandait à Salamanque? demanda le révérend John Luxton.

— Illustre savant, répondit le premier secrétaire, je ne sais pas le nom du général qui commandait à Salamanque, mais je sais que c'est le maréchal of Fine Moon [1], qui commande en Andalousie. Je crois donc que vous pouvez sans crainte mettre la défaite de Salamanque sur le compte de ce général. Mais comment traduirez-vous en latin *of Fine Moon*.

— Rien de plus facile, dit le savant. *Pulchræ lunæ mariscalchus.*

— Très-bien, dit le premier secrétaire. Mainte-

---

[1] De Bellune. Seulement, le premier scérétaire traduit : *Belle Lune;* ce qui est bien excusable chez un étranger.

nant, passons au mortier, à un mortier qui n'a jamais fait feu, vous savez ; car il faut constater ce fait, que le mortier n'a jamais fait feu : c'est le souhait le plus ardent du noble lord.

— Diable ! diable ! diable ! fit le savant, comment traduiriez-vous cela, vous ?

— A Oxford, nous eussions dit : *Qui numquam fecit ignem.*

Le savant fit une grimace.

— C'est long, dit-il, et cela s'écarte du style lapidaire, qui est le plus concis de tous les styles. Voyez l'inscription de la colonne de la place Vendôme : *Trimestri spatio*, comme c'est élégant ! Il s'agit donc de ne pas rester au-dessous de nos voisins les Français.

— Si nous mettions : mortier vierge, *virgin mortar*, ce serait aussi concis que possible.

— Mais, indécent jeune homme, *schocking ! schocking !* Songez que les femmes lisent les inscriptions. Puis comment traduiriez-vous mortier en latin ?

— Au collége d'Oxford, nous disions *tormentum bellicum.*

— Le révérend secoua la tête.

— Vous repoussez *tormentum bellicum ?* demanda le premier secrétaire.

— Je le repousse et avec raison : cette désignation a été inventée après la bataille de Crécy par le poëte écossais Buchanan pour dire canon. Il dit peut-être mal ce qu'il veut dire ; mais, enfin, c'est adopté dans le latin de l'artillerie ; d'ailleurs, ce n'est point un canon qu'à pris Sa Grâce : c'est un mortier.

— C'est juste... si nous disions *catapulta?*

— Cela voudrait dire catapulte, et catapulte n'a jamais voulu dire mortier.

— Quelle drôle d'idée a donc eu Sa Grâce lord Wellington de prendre un mortier, quand il pouvait prendre toute autre chose?

— Sans doute ; mais c'est un mortier qu'il a pris, et, maintenant qu'il l'a pris, que voulez-vous ! il ne peut plus le rendre. Ces gascons de Français diraient qu'ils le lui ont repris.

— Si seulement il avait fait feu ! dit le premier secrétaire, nous ne serions qu'à moitié embarrassés.

— Oui ; mais il n'a pas fait feu.

— Si nous mettions tout simplement en anglais : *Mortar without fire?*

— Que dirait la colonne de la place Vendôme ! Une inscription en langage vulgaire ! Mais sachez, jeune homme, que les Français ne sont fiers quand ils regardent la colonne que parce que la colonne a une inscription latine. Nous avons une occasion d'être fiers en regardant le mortier de Sa Grâce, ne la laissons pas échapper.

— Si vous aviez un dictionnaire de John Bond.
— Le commentateur d'Horace?
— Oui ; il était contemporain du bombardement de Gênes, et, par conséquent, de l'époque à laquelle les mortiers furent inventés.
— Vous avez raison, jeune homme.

Le révérend étendit la main vers la bibliothèque et en tira John Bond.

—*Mor... mor... mor...* Voilà, voilà ! « Mortar. — *Mortar président,* président à mortier. »

— C'est tout?
— C'est tout.

Le savant et l'adepte se regardèrent consternés. Le savant se gratta le front.

— Que disiez vous, tout à l'heure, jeune homme, à propos de l'époque où vivait John Bond?

— Je disais qu'il était contemporain du bombardement de Gênes.

— Eurêka ! s'écria le savant en saisissant sa perruque à pleines mains.

— Vous l'avez trouvé? s'écria le premier secrétaire ; vous avez trouvé le nom latin de mortier?

— *Bom-bar-da !* dit majestueusement le révérend.

Le jeune homme s'inclina devant cette illumination du génie.

— *Bombarda,* reprit-il, quelle onomatopée !

On dirait qu'on entend le mortier lui-même : bom ! bar !... mais, à propos, on ne l'a jamais entendue, la bombarde, puisqu'elle n'a jamais fait feu.

— Répète, jeune homme, s'écria le savant, répète.

— Je disais qu'on ne l'avait jamais entendue, votre bombarde.

— *Nunquam exauditam!* Je tiens mon inscription.

— Ah ! par exemple, fit le premier secrétaire, voilà qui est beau, voilà qui rend mot pour mot le *qui n'a jamais fait feu!*

— Hein ! dit le révérend John Luxton en se rengorgeant. Nous dirons donc : *Dux Wellington, devictis Gallis, apud Salamancam, hanc bombardam nunquam exauditam cepit.*

— Oui, nous dirons cela, répondit le premier secrétaire.

L'inscription fut proposée dans ces termes aux trente-neuf autres savants, qui ne firent aucune objection.

La bombarde fut donc placée à Saint-James park, à l'endroit où elle est encore aujourd'hui, et l'inscription gravée sur le socle par un marbrier de Hamstead.

En 1814, après la bataille de Toulouse, qui n'avait point tout à fait fini comme celle de Salamanque, lord Wellington, rentrant dans sa maison de Hyde park, prit à peine le temps de quitter son waterproof de campagne, et courut au parc Saint-James pour voir si son trophée était exposé et glorifié d'une façon digne de lui.

Il prit son lorgnon, et, par-dessus les chevaux de frise qui dérobaient le mortier à la rapacité des cokneys, il parvint à déchiffrer l'inscription.

— Oh! oh! murmura-t-il en faisant une légère grimace, que veut dire ceci? « Le général Wellington, les coqs étant vaincus près de Salamanque, prit cette bombarde qui n'avait jamais été exaucée. » Il me semble que ce n'est point cela que j'avais demandé.

Il envoya chercher le président de la Société royale.

Celui-ci, qui s'attendait à des compliments, se tenait tout prêt.

Il accourut.

— Quel est l'âne bâté qui a fait cette inscription? demanda le duc.

— C'est moi, dit le savant, qui avait mal compris les premiers mots, vu qu'ils avaient été dits en langue vulgaire.

— Ah! c'est vous? Eh bien, faites-moi le plaisir de m'expliquer ce que vous entendez par *les coqs étant vaincus;* est-ce que vous croyez, par hasard, que la bataille de Salamanque a été un combat de coqs?

— Votre Grâce sait, répondit courtoisement le révérend John Luxton, que *Gallus* veut également dire *Gaulois* et *coq*.

— Mais ce ne sont point des Gaulois que j'ai vaincus, ce sont des Français. Des Gaulois! des Gaulois! On veut me confondre avec Camille, et faire croire que c'est moi qui ai battu Brennus!

— Voyez la colonne de la place Vendôme : on y confond bien Napoléon, empereur des Français avec Néarque Polion, général d'Auguste.

— Vous êtes sûr?

— Parfaitement!

— C'est égal, j'eusse préféré *Francis devictis*.

— Pardon, Votre Grâce, mais cela eût signifié : *les Francs ayant été vaincus*, et l'on vous eût confondu avec César.

— Eh bien, demanda le duc, où eût été le mal?

— Le mal eût été en ce qu'il n'y a eu qu'un César, milord, et qu'ainsi il y en eût eu deux.

Le duc accepta la raison.

— Eh bien, soit, dit-il, je passe par-dessus *Gallis devictis*; mais *nunquam exauditam!* Si je me rappelle bien le latin que m'apprenait mon précepteur quand j'étais simple marquis de Wellesley, *bombardam nunquam exauditam* signifie une bombarde, non pas qui n'a jamais fait feu, mais qui n'a jamais été exaucée.

— Exaucée, c'est vrai, répéta le savant John Luxton profondément consterné.

Mais, tout à coup, retrouvant dans l'imminence même du danger sa présence d'esprit :

— Oui, dit-il, exaucée, et c'est bien cela que j'ai voulu dire.

— Expliquez-vous.

— Que demande un mortier? quel est son désir le plus ardent, son vœu le plus cher?

— Je n'en sais rien, répondit le duc.

— N'est-ce pas de faire feu?

— Sans doute.

— Eh bien, monseigneur, le vœu de cette honorable bombarde n'a jamais été exaucé, puisqu'elle n'a jamais feu; *nunquam exauditam*, jamais exaucée! Je n'ai pas voulu dire autre chose.

Cette fois, ce fut Sa Grâce lord Wellington qui courba la tête et qui avoua qu'il avait tort.

Le révérend John Luxton fut nommé précepteur du jeune marquis de Wellington, avec trois cents livres d'appointements annuels, et une rente viagère de *hundred pounds*, autrement dit de deux mille cinq cents francs.

Si le digne président de la Société royale de Londres avait eu sur les bras l'inscription de la colonne Vendôme, il n'eût sans doute pas hésité un instant à donner un mâle à sa bombarde, et eût fait graver sur le stylobate ce vers latin, qui, à tout prendre, eût bien valu l'inscription qui s'y trouve :

Napoleo fixit molem canonibus hostis.

C'eût été au moins plus clair et plus honorable, surtout pour nos soldats, que le latin académique accuse, en toutes lettres, d'avoir fouillé dans les poches du battu, *profligati,* pour lui enlever son argent.

Maintenant, chers lecteurs, vous demandez la conclusion de tout cela.

La voici dans sa plus touchante simplicité :

Plus nous admirons l'homme qui a fait fondre la colonne et plus nous sommes fier du monument qui consacre les victoires de la France, plus nous demandons, à cor et à cri, que cette malheureuse inscription disparaisse ; et j'espère que, dans un but si honorable et si patriotique, vous voudrez bien vous unir à nous, d'intention du moins, chers lecteurs.

Au reste, si l'Académie était prise à court de temps, — on n'a pas toujours deux trimestres devant soi, *semestri spatio !* — et craignait de nouvelles fautes de latin dans une nouvelle inscription, nous l'inviterions à prendre tout simplement l'inscription française laissée par Napoléon en partant pour Berlin, et si malheureusement traduite par elle :

Napoléon, empereur des Français, éleva, en 1805, cette colonne à la gloire de la grande armée, avec les canons pris par elle à l'ennemi.

A CEUX QUI VEULENT SE METTRE AU THÉATRE.

———

Il nous est passé hier sous les yeux, chers lecteurs, deux lettres si curieuses, que nous les avons copiées et que nous n'hésitons pas aujourd'hui à vous en faire part.

Ces lettres répondent à une pensée qui nous est souvent venue à propos de jeunes gens qui se destinent au théâtre, et qu'a brutalement éveillée, il y a quelques jours encore, une phrase qui se trouve dans la première scène du *Mercadet* de Balzac.

Cette première scène est consacrée à l'exposition, et l'exposition est faite par M. Justin, domestique de Mercadet, par mademoiselle Thérèse, femme de chambre de madame Mercadet, et par mademoiselle Virginie, cuisinière de la maison.

Qu'on nous permette d'emprunter quelques lignes à cette exposition.

Elles nous conduisent où nous voulons aller.

SCÈNE PREMIÈRE.

JUSTIN. — VIRGINIE. — THÉRÈSE.

JUSTIN. — Oui, mes enfants, il a beau nager, il se noiera, ce pauvre M. Mercadet.

VIRGINIE. — Vous croyez ?

JUSTIN. — Il est brûlé... et, quoiqu'il y ait bien des profits chez les maîtres embarrassés, comme il nous doit une année de gages, il est temps de nous faire mettre à la porte.

THÉRÈSE. — Ce n'est pas toujours facile. Il y a des maîtres si entêtés ! J'ai déjà dit deux ou trois insolences à madame, et elle n'a pas eu l'air de les entendre.

VIRGINIE. — Ah ! j'ai servi dans plusieurs maisons bourgeoises ; mais je n'en ai pas encore vu de pareille à celle-ci. Je vais laisser les fourneaux et *aller me présenter au théâtre pour jouer la comédie.*

Ces derniers mots dénotent l'observateur et renferment une critique sanglante.

Comment se fait-il que la première idée qui vient à un commis renvoyé de son magasin, ou à une chambrière renvoyée de chez ses maîtres, se formule dans cette phrase si impertinente pour les vrais comédiens : *Je vais me mettre au théâtre?*

C'est que l'art dramatique, aussi bien que l'art littéraire, a le malheur d'apparaître aux esprits ignorants comme une chose qui n'a pas besoin d'être apprise.

Le commis renvoyé de son magasin ne s'aviserait jamais de dire : « Je vais me faire peintre; » ni la chambrière chassée de chez ses maîtres, de dire : « Je vais me faire musicienne. »

Non; on sait que, pour devenir peintre, il faut apprendre la peinture; on sait que, pour devenir musicien, il faut apprendre la musique. Et le commis n'a pas la patience d'apprendre la peinture; et la chambrière n'a pas la patience d'apprendre la musique.

Mais l'art dramatique, il n'y a pas besoin de l'apprendre. Tout le monde peut jouer la comédie.

« Hélas! voilà pourquoi il y a si peu de comédiens!

Que les jeunes gens ou les jeunes filles qui se destinent au théâtre lisent les mémoires de Lekain ou d'Iffland, de mademoiselle Clairon ou de mademoiselle Dumesnil, et peut-être alors se feront-ils une idée de ce que l'on appelle *jouer la comédie.*

Dugazon a raconté quelque part qu'il avait trouvé trente manières, toutes comiques, de remuer le nez, c'est-à-dire l'organe le moins mobile de tout le visage.

Talma avouait à qui voulait l'entendre que ce n'était que dans les dernières années de sa vie qu'il s'était fait une idée bien exacte de l'art qu'il avait porté cependant à une si grande hauteur.

Et Félix, l'ex-souffleur du Théâtre-Français, vous dira que, jusqu'au jour de sa retraite, mademoiselle Mars l'a fait venir chez elle, non pas une fois, non pas deux fois, non pas trois fois par semaine, mais tous les jours, pour répéter ses anciens comme ses nouveaux rôles.

Si les commis et les femmes de chambre avaient idée d'un pareil travail, je doute qu'il leur échappât si facilement de dire : *Je vais me mettre au théâtre.*

Il est vrai qu'à côté de ceux-là il y a les artiste qui doutent.

Les deux lettres que nous allons citer, et qui,

treize ans d'intervalle, furent adressées, l'une par l'homme qui a créé Orosmane, l'autre par celui qui a créé Frantz Moor, à un artiste appartenant à cette dernière catégorie, en fournissent la preuve.

Nous croyons que c'est une chose intéressante pour tous ceux qui, de près ou de loin, par profession ou par goût, tiennent à l'art dramatique, que l'opinion qu'expriment eux-mêmes, à l'endroit de la carrière difficile à laquelle ils se sont voués, deux maîtres de la taille de Lekain et d'Iffland.

Voici d'abord la lettre de Lekain :

« Paris, ce 20 novembre 1777.

» J'ai mille raisons, monsieur, de ne point vous donner les conseils que vous me demandez au moment où vous hésitez à choisir l'état de comédien. La meilleure de ces raisons est peut-être la solitude dans laquelle je vis maintenant, et qui m'inspire de vous être utile; la seconde raison, c'est que je n'ai jamais conseillé à un jeune homme de quitter la carrière qu'il avait embrassée pour celle du théâtre : ceux qui sont nés pour être comédiens suivent l'inspiration de leur génie sans demander conseil à qui que ce soit; mais celui qui n'a que *du goût* pour un état si difficile et si cruellement avili, celui-là doit sérieusement réfléchir avant de faire un pas duquel dépend le bonheur ou le malheur de sa vie.

» Moi, monsieur, je ne puis vous faire comprendre cela comme je le voudrais bien, car je ne suis pas un mentor de la jeunesse : c'est l'affaire de vos amis et de vos parents. Vous me paraissez trop intéressant pour que je ne vous parle pas avec franchise. Je vous en supplie, laissez encore s'écouler quelque temps avant que d'exécuter votre dessein. Maintenant vous ne voyez que les fleurs de cette carrière, et vous n'en connaissez pas les épines. Hélas! qui au monde a été plus que moi blessé par les épines? et, malgré cela, cependant, mes ennemis eux-mêmes avouent que j'ai un grand talent. A quoi donc doit s'attendre celui qui court après la gloire sans l'atteindre jamais? Il est vrai qu'il y a un moyen d'avoir des succès sans talent ; il y en a même deux : arrogance et impudeur ; mais vous me semblez incapable de vous servir de tels moyens.

» Voilà, monsieur, ce que m'a inspiré l'estime que j'ai pour vous, et je ne puis que vous abandonner à vos sages réflexions.

» LEKAIN. »

A quelle époque Lekain écrivait-il cette lettre décourageante? Après vingt-sept ans de théâtre, et un an avant sa mort!

L'année où Lekain écrivait cette lettre, Iffland débutait.

Treize ans après, le même homme qui s'était adressé à Lekain s'adressait à Iffland, et Iffland lui répondait à son tour la lettre suivante :

« Berlin, 30 octobre 1790.

» Je ne me suis jamais trouvé dans un embarras pareil à celui où vous me plongez, monsieur, quand je songe que le conseil que vous attendez de moi décidera peut-être de votre avenir.

» Votre vocation de comédien est réelle. Ce point ne fait aucun doute dans mon esprit ; mais, dans cette carrière, comme dans toute autre, l'avenir dépend trop exclusivement d'une foule de petits riens pour que je puisse vous prédire que, malgré votre talent, vous ne regretterez pas un jour d'avoir choisi cet état.

» Vous avez le sentiment de votre mérite ; mais vous avez besoin d'avoir pour guide un directeur qui aime votre talent, qui prenne soin de mettre ce talent en relief, en même temps que, le plus possible, il cachera vos défauts. Mais qui vous dit, au contraire, que vous n'en trouverez pas un qui, diminuant vos dispositions par la fatigue et la mauvaise humeur, finira par étouffer ce talent qu'il aurait dû protéger ?

» Cependant, moi-même, j'ai commencé comme vous. Mille obstacles m'ont repoussé, et je ne dois qu'à mon ardent amour de l'art, à mon opiniâtreté presque insensée de ne pas m'être arrêté à moitié chemin.

» Mais, voyez, je pressentis que chacun me conseillerait de ne point choisir cette carrière; aussi, quand je la choisis, je ne demandai conseil à personne. Je puisai en moi-même la force de lutter avec tous et contre tous, et c'est parce que vous me demandez si vous devez choisir cet état, que j'ai presque envie de vous dire : Ne le choisissez pas.

» Au reste, ne voyez dans tout ceci que des vœux pour votre bonheur, de l'estime pour votre talent et du respect pour votre famille.

» IFFLAND. »

Maintenant, chers lecteurs, pourquoi ai-je imprimé ces deux lettres ?

C'est pour y renvoyer, comme étant l'expression de ma pensée, ceux qui viendront me demander le même conseil que le jeune homme demandait à Lekain en 1777, et l'homme à Iffland en 1790.

EUGÈNE SUE, SA VIE ET SES ŒUVRES.

La mort est en fête! elle frappe à coups redoublés dans nos rangs : après Alfred de Musset, c'était l'auteur de *Frétillon* et du *Dieu des bonnes gens*; après Béranger, c'est l'auteur de *Mathilde* et des *Mystères de Paris!*

Quel malheur invisible et inconnu pèse donc sur la France, qu'elle laisse tomber de pareilles larmes dans le gouffre de l'éternité?

Ce que nous avons perdu depuis dix ans suffirait

à enrichir la littérature d'un peuple : Frédéric Soulié, Chateaubriant, Balzac, Gérard de Nerval, Augustin Thierry, madame de Girardin, Alfred de Musset, Béranger, Eugène Sue !

Le dernier fut le plus à plaindre de tous ; lui mourut deux fois : l'exil est une première mort.

A nous de raconter cette vie de luttes, de jeunesse folle et de sombre âge mûr ; à nous de montrer l'homme, comme il fut aux différentes périodes de sa vie.

Allons, plume et cœur, à l'œuvre !

Nous diviserons la vie d'Eugène Sue en trois phases, et nous laisserons à chacune d'elles le caractère qu'elle a eu :

L'enfant insoucieux et gai ;

Le jeune homme inquiet et douteur ;

L'homme désenchanté et triste.

L'ENFANT.

A vingt kilomètres de Grasse existe un petit port de mer qu'on appelle la Calle ; c'est le berceau de la famille Sue, célèbre à la fois dans la science et dans les lettres.

La Calle est encore peuplée des membres de cette famille, qui composent à eux seuls, peut-être, la moitié de la population.

C'est de là que, vers la fin du règne de Louis XV.

partit un jeune étudiant aventureux, qui vint s'établir médecin à Paris.

Ayant réussi, il appela ses neveux dans la capitale, où deux d'entre eux se distinguèrent particulièrement.

C'étaient Pierre Sue, qui devint professeur de médecine légale et bibliothécaire de l'École : celui-là a laissé des œuvres de haute science ; — Jean Sue, qui fut chirurgien en chef de la Charité, professeur à l'École de médecine, professeur d'anatomie à l'École des beaux-arts, chirurgien du roi Louis XVI.

Ce dernier eut pour successeur et continuateur Jean-Joseph Sue, qui, outre la place des Beaux-Arts, dont il hérita de son père, devint médecin en chef de la garde impériale, et, plus tard, médecin en chef de la maison militaire du roi.

Ce fut le père d'Eugène Sue.

Et, ici, constatons un fait : c'est que Jean Sue, père d'Eugène Sue, fut celui qui soutint contre Cabanis la fameuse discussion sur la guillotine, lorsque son inventeur, M. Guillotin, affirma à l'Assemblée nationale que les guillotinés en seraient quittes pour une légère fraîcheur sur le cou. Jean-Joseph Sue, au contraire, soutint la persistance de la douleur au delà de la séparation de la tête, et il défendit son opinion par des arguments qui prouvaient sa science profonde de l'anatomie, et par des exemples pris les uns chez des médecins allemands, les autres sur la nature.

On a dit dernièrement, à propos de la mort d'Eugène Sue, qu'il était né en 1801.

Il me dit un jour, à moi, qu'il était né le 1er janvier 1803, et nous calculâmes qu'il avait cinq mois de moins que moi, quelques jours de plus que Victor Hugo.

Il eut pour parrain le prince Eugène; pour marraine, l'impératrice Joséphine; de là son prénom d'Eugène.

Il fut nourri par une chèvre, et conserva longtemps les allures brusques et sautillantes de sa nourrice.

Il fit, ou plutôt ne fit pas ses études au collége Bourbon; car, ainsi que tous les hommes qui doivent conquérir dans les lettres un nom original et une position éminente, Eugène Sue fut un exécrable écolier.

Son père, médecin de dames surtout, faisait un cours d'histoire naturelle à l'usage des gens du monde; il s'était remarié trois fois, et était riche de deux millions, à peu près.

Il demeurait rue du Rempart, rue qui a disparu depuis, et qui était située alors derrière la Madeleine.

Tout ce quartier était occupé par des chantiers; le terrain n'y valait pas le dixième de ce qu'il vaut aujourd'hui. M. Sue y possédait une belle maison, avec un magnifique jardin.

Dans la même maison que M. Sue demeurait sa sœur, mère de Ferdinand Langlé, qui, en collaboration avec Villeneuve, a fait, de 1822 à 1830, une cinquantaine de vaudevilles.

En 1817 et 1818, les deux cousins allaient ensemble au collége Bourbon, c'est-à-dire que Ferdinand y allait et que le futur auteur de *Mathilde* était censé y aller.

Eugène avait un répétiteur à domicile. J'ai encore connu ce brave homme : c'était un digne Auvergnat de cinq pieds de haut, qui, étant entré pour faire répéter Eugène Sue, et tenant à gagner honnêtement son argent, n'hésitait pas à soutenir des luttes corps à corps avec son élève, qui avait la tête de plus que lui.

Ordinairement, lorsqu'une de ces luttes menaçait, Eugène Sue prenait la fuite, mais, comme Horace, pour être poursuivi et vaincre son vainqueur.

Le père Delteil — c'était ainsi que se nommait le digne répétiteur — se laissait constamment prendre à cette manœuvre stratégique, si simple qu'elle fût.

Eugène fuyait au jardin ; le répétiteur l'y suivait ; mais, arrivé là, l'écolier rebelle se trouvait à la fois au milieu d'un arsenal d'armes offensives et défensives.

Les armes défensives, c'étaient les plates-bandes du jardin botanique, le labyrinthe, dans lequel il se réfugiait et où le père Delteil n'osait le poursuivre, de peur de fouler aux pieds les plantes rares, que l'écolier fugitif écrasait impitoyablement et à pleine semelle ; les armes offensives, c'étaient les échalas, portant sur des étiquettes les noms scientifiques des plantes, échalas qu'Eugène Sue, comme le fils de Thésée, convertissait en javelots pour pousser au monstre, et qu'il lui lançait avec une adresse qui eût fait honneur à Castor et à Pollux, les deux plus habiles lanceurs de javelots de l'antiquité, avant que Racine eût inventé Hippolyte.

Oh ! ne nous reprochez pas la gaieté qui s'étendra sur cette première phase de la vie de notre ami, qui fut notre confrère sans être notre rival. C'est le rayon de soleil auquel a droit toute jeunesse qui n'est point maudite du Seigneur. La fin de la vie sera assez triste, allez ! assez sombre, assez pluvieuse !

Suivons donc l'enfant dans son jardin ; nous retrouverons l'homme dans son désert.

Quand il fut démontré au père d'Eugène Sue que la vocation de son fils était de lancer le javelot et non d'expliquer Horace et Virgile, il le tira du collége et le fit entrer, comme chirurgien sous-aide, à l'hôpital de la maison du roi, dont il était chirurgien en chef, et qui était situé rue Blanche.

Eugène Sue y retrouva son cousin Ferdinand Langlé et le futur docteur Louis Véron, qui devait aussi abandonner la médecine, non pour faire, mais pour faire faire de la littérature.

Nous avons dit qu'Eugène Sue avait beaucoup du caractère de sa nourrice la chèvre. C'était, en effet, et nous l'avons encore connu ainsi, un franc gamin de bonne maison, toujours prêt à faire quelque méchant tour, même à son père, et disons plus, surtout à son père, qui venait de se remarier et le traitait fort rudement.

Mais aussi, comme on se vengeait de cette rudesse !

Le docteur Sue occupait ses élèves à lui préparer son cours d'histoire naturelle ; la préparation se faisait dans un magnifique cabinet d'anatomie qu'il a laissé par testament aux Beaux-Arts. Ce cabinet, entre autres curiosités, contenait le cerveau de Mirabeau, conservé dans un bocal.

Les préparateurs en titre étaient Eugène Sue, Ferdinand Langlé et un de leurs amis nommé Delattre, qui fut depuis, et est probablement encore docteur médecin ; les préparateurs amateurs étaient un nommé Achille Petit et un vieil et spirituel ami à nous, James Rousseau.

Les séances de préparation étaient assez tristes, d'autant plus tristes que l'on avait devant soi, à portée de la main, deux armoires pleines de vins près desquels le nectar des dieux n'était que de la blanquette de Limoux.

Ces vins étaient des cadeaux qu'après l'invasion de 1815, les souverains alliés avaient faits au docteur Sue. Il y avait des vins de Tokai donnés par l'empereur d'Autriche, des vins du Rhin donnés par le roi de Prusse, du johannisberg donné par M. de Metternich, et, enfin, une centaine de bouteilles de vin d'Alicante, données par madame de Morville, et qui portaient la date respectable — mieux que respectable — vénérable de 1750.

On avait essayé de tous les moyens pour ouvrir les armoires : les armoires avaient vertueusement résisté à la persuasion comme à la force.

On désespérait de faire jamais connaissance avec l'alicante de madame de Morville, avec le johannisberg de M. de Metternich, avec le liebfraumilch du roi de Prusse, et avec le tokai de l'empereur d'Autriche, autrement que par les échantillons que, dans ses grands dîners, le docteur Sue versait à ses convives dans des dés à coudre, lorsqu'un jour, en fouillant dans un squelette, Eugène Sue trouva par hasard un trousseau de clefs.

C'étaient les clefs des armoires !

Dès le premier jour, on mit la main sur une bouteille de vin de Tokai au cachet impérial, et on la vida jusqu'à la dernière goutte ; puis on fit disparaître la bouteille.

Le lendemain, ce fut le tour du johannisberg; le surlendemain, celui du liebfraumilch; le jour suivant, de l'alicante.

On en fit autant de ces trois bouteilles que de la première.

Mais James Rousseau, qui était l'aîné et qui, par conséquent, avait une science du monde supérieure à celle de ses jeunes amis, qui hasardaient leurs pas sur le terrain glissant de la société, — James Rousseau fit judicieusement observer qu'au train dont on y allait, on creuserait bien vite un gouffre, que l'œil du docteur Sue plongerait dans ce gouffre et qu'il y trouverait la vérité.

Il fit alors cette proposition astucieuse, de boire chaque bouteille au tiers seulement, de la remplir d'une composition chimique qui, autant que possible, se rapprocherait du vin dégusté ce jour-là, de la reboucher artistement et de la remettre à sa place.

Ferdinand Langlé appuya la proposition et, en sa qualité de vaudevilliste, y ajouta un amendement : c'était de procéder à l'ouverture de l'armoire à la manière antique, c'est-à-dire avec accompagnement de chœurs.

Les deux propositions passèrent à l'unanimité.

Le même jour l'armoire fut ouverte sur ce chœur, imité de la *Leçon de Botanique*.

Le coryphée chantait :

> Que l'amour et la botanique
> N'occupent pas tous nos instants ;
> Il faut aussi que l'on s'applique
> A boire le vin des parents.

Puis le chœur reprenait :

> Buvons le vin des grands parents !

Et l'on joignait l'exemple au précepte. Une fois lancés sur la voie de la poésie, les préparateurs composèrent un second chœur pour le travail. Ce travail consistait particulièrement à empailler de magnifiques oiseaux que l'on recevait des quatre parties du monde.

Voici le chœur des travailleurs :

> Goûtons le sort que le ciel nous destine ;
> Reposons-nous sur le sein des oiseaux ;
> Mêlons le camphre à la térébenthine,
> Et par le vin égayons nos travaux.

Sur quoi, on buvait une gorgée de la bouteille, qui se trouvait non pas au tiers, mais à moitié vide.

Il s'agissait de suivre l'ordonnance de James Rousseau et de la remplir.

C'était l'affaire du comité de chimie, composé de

Ferdinand Langlé, d'Eugène Sue et de Delattre ; — plus tard, Romieu y fut adjoint.

Le comité de chimie faisait un affreux mélange de réglisse et de caramel, remplaçait le vin bu par ce mélange improvisé, rebouchait la bouteille aussi proprement que possible et la remettait à sa place.

Quand c'était du vin blanc, on clarifiait la préparation avec des blancs d'œuf battus.

Mais parfois la punition retombait sur les coupables.

De temps en temps, M. Sue donnait de grands et magnifiques dîners; au dessert, on buvait tantôt l'alicante de madame de Morville, tantôt le tokai de Sa Majesté l'empereur d'Autriche, tantôt le johannisberg de M. de Metternich, tantôt le liebfraumilch du roi de Prusse.

Tout allait à merveille si l'on tombait sur une bouteille vierge; mais plus on allait en avant, plus les virginités fondaient aux mains des travailleurs.

Il arriva que l'on tomba quelquefois, puis souvent, puis enfin presque toujours sur des bouteilles revues et corrigées par le comité de chimie.

Alors il fallait avaler le breuvage.

Le docteur Sue goûtait son vin, faisait une légère grimace et disait :

— Il est bon, mais il demande à être bu.

Et c'était une si grande vérité, et le vin demandait si bien à être bu, que, le lendemain, on recommençait à le boire.

Tout cela devait finir par une catastrophe, et, en effet, tout cela finit ainsi.

Un jour que l'on savait le docteur Sue à sa maison de campagne de Bouqueval, d'où l'on comptait bien qu'il ne reviendrait pas de la journée, on s'était, à force de séductions sur la cuisinière et les domestiques, fait servir dans le jardin un excellent dîner sur l'herbe.

Tous les empailleurs — comité de chimie compris — étaient là, couchés sur le gazon, couronnés de roses, comme les convives de la vie inimitable de Cléopâtre; buvant à plein verre le tokai et le johannisberg, ou plutôt l'ayant bu, quand, tout à coup, la porte de la maison donnant sur le jardin s'ouvrit et le commandeur apparut.

Le commandeur, c'était le docteur Sue.

Chacun, à cette vue, s'enfuit et se cache. Rousseau seul, plus gris que les autres, ou plus brave dans le vin, remplit deux verres, et, s'avançant vers le docteur :

— Ah ! mon bon monsieur Sue, dit-il en lui présentant le moins plein des deux verres, voilà de fameux tokai ! A la santé de l'empereur d'Autriche !

On devine la colère dans laquelle entra le docteur, en retrouvant sur le gazon le cadavre d'une bouteille de tokai, les cadavres de deux bouteilles de johannisberg et de trois bouteilles d'alicante. — On avait bu l'alicante à l'ordinaire.

Les mots de vol, d'effraction, de procureur du roi, de police correctionnelle, grondèrent dans l'air comme gronde la foudre dans un nuage de tempête.

La terreur des coupables fut profonde.

Delattre connaissait un puits desséché aux environs de Clermont; il proposait de s'y réfugier.

Huit jours après, Eugène Sue partait comme sous-aide pour faire la campagne d'Espagne de 1823.

Il avait vingt ans accomplis.

La ligne imperceptible qui sépare l'adolescent du jeune homme était franchie.

C'est au jeune homme que nous allons avoir affaire.

LE JEUNE HOMME.

Eugène Sue fit la campagne, resta un an à Cadix et ne revint à Paris que vers le milieu de 1824.

Le feu du Trocadéro lui avait fait pousser les cheveux et les moustaches; il était parti imberbe, il revenait barbu et chevelu.

Cette croissance capillaire, qui faisait d'Eugène

Sue un très-beau garçon, flatta probablement l'amour-propre du docteur Sue, mais ne relâcha en rien les cordons de sa bourse.

Ce fut alors que, par de Leuven et Desforges, je fis connaissance avec Eugène Sue.

A cette époque où ma vocation était déjà décidée, il n'avait, lui, aucune idée littéraire.

Desforges, qui avait une petite fortune à lui, Ferdinand Langlé, que sa mère adorait, étaient les deux Crassus de la société. Quelquefois, comme faisait Crassus à César, ils prêtaient non pas vingt millions de sesterces, mais vingt, mais trente, mais quarante, et même jusqu'à cent francs aux plus nécessiteux.

Outre sa bourse, Ferdinand Langlé mettait à la disposition de ceux des membres de la société qui n'étaient jamais sûrs ni d'un lit, ni d'un souper, sa chambre dans la maison de M. Sue, et l'*en cas* que sa mère, pleine d'attentions pour lui, faisait préparer tous les soirs.

Combien de fois cet *en cas* fût-il la ressource suprême de quelque membre de la société qui avait mal dîné, ou même qui n'avait pas dîné du tout !

Ferdinand Langlé, notre aîné, grand garçon de vingt-cinq à vingt-six ans, auteur d'une douzaine de vaudevilles, amant d'une actrice du Gymnase nommée Fleuriet, charmante fille que je revois comme un mirage de ma jeunesse,—et qui mourut vers cette époque, empoisonnée, dit-on, par un empoisonneur célèbre,—Ferdinand Langlé rentrait rarement chez lui. Mais, comme le domestique, complétement dans nos intérêts, affirmait à madame Langlé que Ferdinand vivait avec la régularité d'une religieuse, la bonne mère avait le soin de faire mettre tous les soirs l'*en cas* sur la table de nuit.

Le domestique mettait donc l'*en cas* sur la table de nuit et la clef de la petite porte de la rue à un endroit convenu.

Un attardé se trouvait-il sans asile, il se dirigeait vers la rue du Rempart, allongeait la main dans un trou de la muraille, y trouvait la clef, ouvrait la porte, remettait religieusement la clef à sa place, tirait la porte derrière lui, allumait la bougie, — s'il était le premier, — mangeait, buvait et se couchait dans le lit.

Si un second suivait le premier, il trouvait la clef au même endroit, pénétrait de la même façon, mangeait le reste du poulet, buvait le reste du vin, levait la couverture à son tour et se fourrait dessous.

Si un troisième suivait le second, même jeu pour la clef, même jeu pour la porte; seulement, celui-ci ne trouvait plus ni poulet, ni vin, ni place dans le lit : il mangeait le reste du pain, buvait un verre d'eau et s'étendait sur le canapé.

Si le nombre grossissait outre mesure, les derniers venus tiraient un matelas du lit et couchaient par terre.

Une nuit, Rousseau arriva le dernier; la lumière était éteinte : il compta à tâtons quatorze jambes!

Cela dura quatre ou cinq ans, sans que le docteur Sue se doutât le moins du monde que sa maison était un caravansérail dans lequel l'hospitalité était pratiquée gratis et sur une grande échelle.

Au milieu de cette vie de bohême, Eugène fut pris tout à coup de la fantaisie d'avoir un groom, un cheval et un cabriolet. Or, comme son père lui tenait de plus en plus la dragée haute, il lui fallut, pour pouvoir satisfaire ce caprice, recourir aux expédients.

Il fut mis en rapport avec deux honnêtes capitalistes, qui vendaient des souricières et des contrebasses aux jeunes gens qui se sentaient la vocation du commerce.

On les nommait MM. Ermingot et Godefroy.

J'ignore si ces messieurs vivent encore et font le même métier; mais, ma foi, à tout hasard, nous citons les noms, espérant qu'on ne prendra pas les lignes que nous écrivons pour une réclame.

MM. Ermingot et Godefroy allèrent aux informations; ils surent qu'Eugène Sue devait hériter d'une centaine de mille francs de son grand-père maternel et de quatre à cinq cent mille francs de son père. Ils comprirent qu'ils pouvaient se risquer.

Ils parlèrent de vins qu'ils avaient à vendre dans d'excellentes conditions et sur lesquels il y avait à gagner cent pour cent !

Eugène Sue répondit qu'il lui serait agréable d'en acheter pour une certaine somme.

Il reçut, en conséquence, une invitation à déjeuner à Bercy pour lui et un de ses amis.

Il jeta les yeux sur Desforges ; Desforges passait pour l'homme rangé de la société, et le docteur Sue avait la plus grande confiance en lui.

On était attendu aux Gros-Marronniers.

Le déjeuner fut splendide ; on fit goûter aux deux jeunes gens les vins dont ils venaient faire l'acquisition, et Eugène Sue, sur lequel s'opérait particulièrement la séduction, en fut si content, qu'il en acheta, séance tenante, pour quinze mille francs, que, séance tenante toujours, il régla en lettres de change.

Le vin fut déposé dans une maison tierce, avec faculté pour Eugène Sue de le faire goûter, de le vendre et de faire dessus tels bénéfices qu'il lui conviendrait.

Huit jours après, Eugène Sue revendait à un compère de la maison Ermingot et Godefroy son lot de vins pour la somme de quinze cents francs payés comptant.

On perdait treize mille cinq cents francs sur la spéculation, mais on avait quinze cents francs d'argent frais. C'était de quoi réaliser l'ambition qui, depuis un an, empêchait les deux amis de dormir : un groom, un cheval et un cabriolet.

Comment, demandera le lecteur, peut-on avoir, avec quinze cents francs, un groom, un cheval et un cabriolet?

C'est inouï, le crédit que donnent quinze cents francs d'argent comptant, surtout quand on est fils de famille et que l'on peut s'adresser aux fournisseurs de son père.

On acheta le cabriolet chez Sailer, carrossier du docteur, et l'on donna cinq cents francs à compte ; on acheta le cheval chez Kunsmann, où l'on prenait des leçons d'équitation, et l'on donna cinq cents francs à compte. On restait à la tête de cinq cents francs : on engagea un groom que l'on habilla de la tête aux pieds ; ce n'était pas ruineux, on avait crédit chez le tailleur, le bottier et le chapelier.

On était arrivé à ce magnifique résultat, au commencement de l'hiver de 1824 à 1825.

Le cabriolet dura tout l'hiver.

Au printemps, on résolut de monter un peu à cheval pour saluer les premières feuilles.

Un matin, on partit; Eugène Sue et Desforges, à cheval, étaient suivis de leur groom, à cheval comme eux.

A moitié chemin des Champs-Élysées, comme on était en train de distribuer des saluts aux hommes et des sourires aux femmes, un cacolet vert s'arrête, une tête sort par la portière et examine avec stupéfaction les deux élégants.

La tête était celle du docteur Sue, le cacolet vert était ce que l'on appelait dans la famille la voiture aux trois lanternes. C'était une voiture basse inventée par le docteur Sue et de laquelle on descendait sans marchepied; l'aïeule de tous nos petits coupés d'aujourd'hui.

Cette tête frappa les deux jeunes gens comme eût fait celle de Méduse; seulement, au lieu de les pétrifier, elle leur donna des ailes; ils partirent au galop.

Par malheur, il fallait rentrer; on ne rentra que le surlendemain, c'est vrai, mais on rentra.

La justice veillait à la porte sous les traits du docteur Sue; il fallut tout avouer, et ce fut même un grand bonheur que l'on avouât tout. La maison Ermingot et Godefroy commençait de montrer les dents sous la forme de papier timbré.

L'homme d'affaires du docteur Sue fut chargé d'arranger l'affaire de MM. Ermingot et Godefroy; ces messieurs, au reste, venaient d'avoir un petit désagrément en police correctionnelle, qui les rendit tout à fait coulants.

Moyennant deux mille francs, ils rendirent les lettres de change et donnèrent quittance générale.

Sur quoi, Eugène Sue s'engagea à rejoindre son poste à l'hôpital militaire de Toulon.

Desforges perdit toute la confiance du docteur. Il fut reconnu par l'enquête qu'il avait trempé jusqu'au cou dans l'affaire Ermingot et Godefroy, et il fut mis à l'index ; ce qui le détermina — facilité toujours par sa fortune personnelle — à suivre Eugène Sue à Toulon.

Damon n'eût pas donné une plus grande preuve de dévouement à Pythias.

On passa la dernière nuit ensemble : de Leuven, Adam, Desforges, Romieu, Croissy, Millaud, un cousin d'Eugène Sue, charmant garçon qui est allé mourir depuis en Amérique, Mira, le fils du célèbre Brunet, dont un duel fatal illustra depuis l'adresse.

Au moment du départ, l'enthousiasme fut tel, que Romieu et Mira résolurent d'escorter la diligence.

Eugène Sue et Desforges étaient dans le coupé; Romieu et Mira galopaient aux deux portières.

Romieu galopa jusqu'à Fontainebleau ; là, il lui fallut absolument descendre de cheval.

Mira, s'entêtant, fit trois lieues de plus; puis, force lui fut de s'arrêter à son tour.

La diligence continua majestueusement son chemin, laissant les blessés en route.

On arriva le cinquième jour à Toulon.

Le premier soin des exilés fut d'écrire, pour avoir des nouvelles de leurs amis.

Romieu avait été ramené dans la capitale sur une civière.

Mira avait préféré attendre sa convalescence là où il était, et, quinze jours après, rentrait à Paris en voiture.

On s'installa à Toulon et l'on commença de faire les beaux avec les restes de la splendeur parisienne. Ces restes de splendeur, un peu fanés, étaient du luxe à Toulon.

Les Toulonnais ne tardèrent pas à regarder les nouveaux venus d'un mauvais œil; ils appelaient Eugène Sue, le *beau Sue*. Les Toulonnais faisaient un calembour auquel l'orthographe manquait, mais qui se rachetait par la consonnance.

Le calembour eut d'autant plus de succès là-bas, qu'Eugène Sue, très-beau garçon, du reste, nous l'avons dit déjà, avait la tête un peu dans les épaules.

Mais le haro redoubla, quand on vit tous les soirs venir les muscadins au théâtre, et que l'on s'aperçut qu'ils y venaient particulièrement pour lorgner la première amoureuse, mademoiselle Florival.

C'était presque s'attaquer aux autorités : le sous-préfet protégeait la première amoureuse.

Les deux Parisiens s'entêtèrent et demandèrent leurs entrées dans les coulisses. Desforges faisait valoir sa qualité d'auteur dramatique ; il avait eu deux ou trois vaudevilles joués à Paris.

Eugène Sue était vierge de toute espèce de littérature et ne donnait aucun signe de vocation pour la carrière d'homme de lettres ; il était plutôt peintre. Gamin, il avait couru les ateliers, dessinait, croquait, brossait.

Il y a sept ou huit ans à peine, que je voyais encore, dans une des anciennes rues qui longaient la Madeleine, un cheval qu'il avait dessiné sur la muraille avec du vernis noir et un pinceau à cirer les bottes.

Le cheval s'est écroulé avec la rue.

La porte des coulisses restait donc impitoyablement fermée ; ce qui donnait aux Toulonnais le droit incontestable de goguenarder les Parisiens.

Par bonheur, Louis XVIII était mort le 15 septembre 1824, et Charles X avait eu l'idée de se faire sacrer ; la cérémonie devait avoir lieu dans la cathédrale de Reims, le 26 mai 1825.

Maintenant, comment la mort du roi Louis XVIII à Paris, comment le sacre du roi Charles X à Reims, pouvaient-ils faire ouvrir les portes du théâtre de Toulon à Desforges et à Eugène Sue ?

Voici :

Desforges proposa à Eugène Sue de faire, sur le sacre, ce que l'on appelait, à cette époque, un *à-propos*. Eugène Sue accepta, bien entendu.

L'*à-propos* fut représenté au milieu de l'enthousiasme universel. J'ai encore cette bleuette écrite tout entière de la main d'Eugène Sue.

Le même soir, les deux auteurs avaient, d'une façon inattaquable, leurs entrées dans les coulisses, et par suite chez mademoiselle Florival.

Ils en profitèrent conjointement et sans jalousie aucune.

Sous ce rapport, Eugène Sue avait des idées de communisme innées.

Vers le mois de juin 1825, Damon et Pythias se séparèrent.

Eugène Sue resta seul en possession de ses entrées au théâtre et chez mademoiselle Florival. Desforges partit pour Bordeaux, où il fonda le *Kaléidoscope*.

Pendant ce temps, Ferdinand Langlé fondait la *Nouveauté* à Paris.

Vers la fin de 1825, Eugène Sue revint de Toulon.

Il trouva un centre littéraire auquel s'étaient ralliés les anciens hôtes de la rue du Rempart.

C'était la *Nouveauté*.

Les principaux rédacteurs du journal étaient de Brucker, Michel Masson, Romieu, Rousseau, Garnier-Pagès aîné, de Leuven, Dupeuty, de Villeneuve, Cavé, Vulpian et Desforges.

Desforges avait abandonné son fruit en province pour venir se rallier à la création de Ferdinand Langlé.

Le petit journal était en pleine prospérité. Depuis la représentation de son *à-propos* à Toulon, Eugène Sue était auteur dramatique, par conséquent, homme de lettres. Son cousin étant rédacteur en chef, il se trouva tout naturellement rédacteur particulier.

On lui demanda des articles; il en fit quatre; cette série était intitulée *l'Homme-Mouche*.

Ce sont les premières lignes sorties de la plume de l'auteur de *Mathilde* et des *Mystères de Paris* qui aient été imprimées.

Mais on comprend que la *Nouveauté* ne payait point ses rédacteurs au poids de l'or; d'un autre côté, le docteur Sue restait inflexible : il avait sur le cœur, non-seulement le vin bu, mais encore le vin gâté.

On avait bien une ressource extrême dont je n'ai pas encore parlé et que je réservais, comme son propriétaire, pour les grandes occasions : c'était une montre Louis XVI, à fond d'émail, entourée de brillants, donnée par la marraine, — l'impératrice Joséphine.

Dans les cas extrêmes, on la portait au mont-de-piété et l'on en avait cent cinquante francs.

Elle défraya le mardi gras de 1826; mais, le mardi gras passé, après avoir traîné le plus longtemps possible, il fallut prendre un grand parti et s'en aller à la campagne.

Bouqueval, la campagne du docteur Sue, offrait aux jeunes gens son hospitalité champêtre et frugale; on alla à Bouqueval.

Pâques arriva, et avec Pâques, un certain nombre de convives; chacun avait promis d'apporter son plat, qui un homard, qui un poulet rôti, qui un pâté.

Or, il arriva que, chacun comptant sur son voisin, l'argent manquant à tous, personne n'apporta rien.

Il fallait cependant faire la pâque; c'eût été un péché que de ne pas fêter un pareil jour.

On alla droit aux étables, et l'on égorgea un mouton.

Par malheur, le mouton était un magnifique mérinos que le docteur gardait comme échantillon.

Il fut dépouillé, rôti, mangé jusqu'à la dernière côtelette.

Lorsque le docteur apprit ce nouveau méfait,

il se mit dans une abominable colère; mais aux colères paternelles, Eugène Sue opposait une admirable sérénité.

C'était un charmant caractère que celui de notre pauvre ami, toujours gai, joyeux, riant.

Il devint triste, mais resta bon.

Ordre fut donné à Eugène Sue de quitter Paris.

Il passa dans la marine, et fit deux voyages aux Antilles.

De là la source d'*Atar-Gull*, de là l'explication de ces magnifiques paysages qui semblent entrevus dans un pays de fées, à travers les déchirures d'un rideau de théâtre.

Puis il revint en France. Une bataille décisive se préparait contre les Turcs. Eugène Sue s'embarqua, comme aide-major, à bord du *Breslau*, capitaine la Bretonnière, assista à la bataille de Navarin, et rapporta comme dépouilles opimes un magnifique costume turc qui fut mangé au retour, velours et broderie.

Tout en mangeant le costume turc, Eugène Sue, qui prenait peu à peu goût à la littérature, avait fait jouer, avec Desforges, *Monsieur le marquis*.

Enfin, vers le même temps, il faisait paraître, dans la *Mode*, la nouvelle de *Plick et Plock*, son point de départ comme roman.

Sur ces entrefaites, le grand-père maternel d'Eugène Sue mourut, lui laissant quatre-vingt mille francs, à peu près.

C'était une fortune inépuisable.

Aussi le jeune poëte, qui avait vingt-quatre ans, et qui, par conséquent, était sur le point d'atteindre sa grande majorité, donna-t-il sa démission et se mit-il dans ses meubles.

Nous disons se mit *dans ses meubles,* parce que Eugène Sue, artiste d'habitudes comme d'esprit, fut le premier à meubler un appartement à la manière moderne ; Eugène Sue eut le premier tous ces charmants bibelots dont personne ne voulait alors et que tout le monde s'arracha depuis : vitraux de couleur, porcelaines de Chine, porcelaines de Saxe, bahuts de la renaissance, sabres turcs, criks malais, pistolets arabes, etc.

Puis, libre de tout souci, il se dit que sa vocation était d'être peintre, et il entra chez Gudin, qui, à peine âgé de trente ans alors, avait déjà sa réputation faite.

Nous avons dit qu'Eugène Sue dessinait, ou plutôt croquait assez habilement ; il avait, je me le rappelle, rapporté de Navarin un album qui était doublement curieux, et comme côté pittoresque, et comme côté artistique.

Ce fut chez l'illustre peintre de marine qu'arriva à Eugène Sue une de ces aventures de gamin, qui avait rendu célèbre la société Romieu, Rousseau et Eugène Sue.

Gudin, nous l'avons dit, était à cette époque dans toute la force de son talent et dans tout l'éclat de sa renommée. Les amateurs s'arrachaient ses œuvres, les femmes se disputaient l'homme. Comme tous les artistes dans une certaine position, il recevait de temps en temps des lettres de femmes inconnues, qui, désirant faire connaissance avec lui, lui donnaient des rendez-vous à cet effet.

Un jour, Gudin en reçut deux ; toutes deux lui donnaient rendez-vous pour la même heure. Gudin ne pouvait pas se dédoubler. Il fit part à Eugène Sue de son embarras.

Eugène Sue s'offrit pour le remplacer : de l'élève au maître, il n'y a qu'un pas.

Puis il y avait une grande ressemblance physique entre Gudin et Eugène Sue : ils étaient de même taille, avaient tous les deux la barbe et les cheveux noirs ; l'un ayant vingt-sept ans, l'autre trente. La plus mal partagée des deux inconnues n'aurait point à crier au voleur. D'ailleurs, on mit les deux lettres dans un chapeau, et chacun tira la sienne.

A partir de ce moment, et pour le reste de la journée, il y eut deux Gudin et plus d'Eugène Sue.

Le soir, chacun alla à son rendez-vous, et, le

lendemain, chacun revenait enchanté. La chose eût pu durer ainsi éternellement ; mais la curiosité perdit toujours les femmes, témoin Ève, témoin Psyché.

La dame qui avait obtenu le faux Gudin en partage avait des goûts artistiques. Après avoir vu le peintre, elle voulut absolument voir l'atelier.

Elle voulut surtout voir Gudin travaillant, la palette et le pinceau à la main.

Au nombre des femmes curieuses, nous avons oublié Sémélé, qui voulut voir son amant Jupiter dans toute sa splendeur, et qui fut brûlée vive par les rayons de sa foudre.

Le faux Gudin ne put résister à tant d'instances : il consentit et donna rendez-vous pour le lendemain à la belle curieuse.

Elle devait venir à deux heures de l'après-midi, moment où le jour est le plus favorable à la peinture.

A deux heures moins un quart, Eugène Sue, vêtu d'une magnifique livrée, attendait dans l'antichambre de Gudin.

A deux heures moins quelques minutes, la sonnette s'agita sous la main tremblante de la belle curieuse.

Eugène Sue alla ouvrir.

La dame, jalouse de tout voir, commença par jeter les yeux sur le domestique, qui lui paraissait d'excellente mine et qui s'inclinait respectueusement devant elle.

Cet examen fut suivi d'un cri terrible.

— Quelle horreur ! un laquais !

Et la dame, se cachant le visage dans son mouchoir, descendit précipitamment l'escalier.

Au bal masqué de l'Opéra, Eugène Sue rencontra la dame et voulut renouer connaissance avec elle; mais elle s'obstina, cette fois, à croire qu'il était déguisé, et il n'en obtint, pour toute réponse, que ces mots qu'il avait déjà entendus :

— Quelle horreur ! un laquais !

Vers ce temps, je fis représenter *Henri III*, au Théâtre-Français.

De Leuven et Ferdinand Langlé, prévoyant le succès que la pièce devait avoir, vinrent me demander l'autorisation d'en faire la parodie. Je la leur accordai, bien entendu.

Cette parodie fut faite pour le Vaudeville. Elle portait le titre de : *le Roi Dagobert et sa Cour*.

Mais ce titre parut irrévérencieux à l'égard du *descendant* de Dagobert. — Par *descendant* de Dagobert, l'honorable compagnie qui porte *de sable aux ciseaux d'argent* entendait Sa Majesté Charles X. Elle confondait *descendants* avec *successeurs;* mais bah ! quand on coupe toujours et qu'on n'écrit jamais, il ne faut pas y regarder de si près.

Les auteurs changèrent le titre et prirent celui du *Roi Pétaud et sa Cour*.

Le comité de censure n'y trouva aucun inconvénient.

Comme si personne ne descendait du roi Pétaud !

La pièce fut jouée sous ce dernier titre.

Tout le cénacle assistait à la première représentation.

La parodie parodiait la pièce scène par scène.

Or, à la fin du quatrième acte, la scène d'adieux de Saint-Mégrin et de son domestique était parodiée par une scène entre le héros de la parodie et son portier.

Dans cette scène, très-tendre, très-touchante, très-sentimentale enfin, le héros demandait à son portier une mèche de ses cheveux sur l'air : *Dormez donc, mes chères amours*, très en vogue à cette époque et tout à fait approprié à la situation.

Trois ou quatre jours après, nous dînâmes chez Véfour, — Eugène Sue, Desforges, de Leuven, Desmares, Rousseau, Romieu et moi.

A la fin du dîner, qui avait été fort gai et où le fameux refrain :

> Portier, je veux
> De tes cheveux !

avait été chanté en chœur, Eugène Sue et Desmares

résolurent de donner une réalité à ce rêve de l'imagination d'Adolphe de Leuven et Langlé, et, entrant dans la maison n° 8 de la rue de la Chaussée-d'Antin, dont Eugène Sue connaissait le concierge de nom, ils demandèrent au brave homme s'il ne se nommait pas M. Pipelet.

Le concierge répondit affirmativement.

Alors, au nom d'une princesse polonaise qui l'avait vu et qui était devenue amoureuse de lui, ils lui demandèrent avec tant d'instance une boucle de ses cheveux, que, pour se débarrasser d'eux, le pauvre Pipelet finit par la leur donner, quoiqu'il n'eût la tête que médiocrement garnie.

A partir du moment où il eut commis cette imprudence, le pauvre Pipelet fut un homme perdu.

Dès le même soir, trois autres demandes lui furent adressées de la part d'une princesse russe, d'une baronne allemande et d'une marquise italienne.

Et, à chaque fois qu'une semblable demande était adressée au brave homme, un chœur invisible chantait sous ses fenêtres :

> Portier, je veux
> De tes cheveux !

Le lendemain, la plaisanterie continua. Chacun envoyait les gens de sa connaissance demander des cheveux à maître Pipelet, qui ne tirait plus le cordon qu'avec angoisse, et qui — mais inutilement — avait enlevé de sa porte l'écriteau : *Parlez au portier !*

Le dimanche suivant, Eugène Sue et Desmares voulurent donner au pauvre diable une sérénade en grand ; ils entrèrent dans la cour à cheval, chacun une guitare à la main, et se mirent à chanter l'air persécuteur. Mais, nous l'avons dit, c'était un dimanche, les maîtres étaient à la campagne ; le portier, se doutant qu'on chercherait à empoisonner son jour dominical et qu'il n'aurait pas même, ce jour-là, le repos que Dieu s'était accordé à lui-même, avait prévenu tous les domestiques de la maison. Il se plaça derrière les chanteurs, ferma la porte de la rue, fit un signal convenu d'avance et sur lequel cinq ou six domestiques accoururent à son aide, de sorte que les troubadours, forcés de convertir en armes défensives leurs instruments de musique, ne sortirent de là que le manche de leur guitare à la main.

Des détails de ce combat terrible, personne ne sut jamais rien, les combattants les ayant gardés pour eux ; mais on sut qu'il avait eu lieu, et, dès lors, le portier du n° 8 de la rue de la Chaussée-d'Antin fut mis au ban de la littérature.

A partir de ce moment, la vie de ce malheureux devint un enfer anticipé. On ne respecta plus même le repos de ses nuits; tout littérateur attardé dut faire le serment de rentrer à son domicile par la rue de la Chaussée-d'Antin, ce domicile fût-il à la barrière du Maine.

Cette persécution dura plus de trois mois. Au bout de ce temps, comme un nouveau visage se présentait pour faire la demande accoutumée, la femme Pipelet, tout en pleurs, annonça que son mari, succombant à l'obsession, venait d'être conduit à l'hôpital sous le coup d'une fièvre cérébrale. Le malheureux avait le délire, et, dans son délire, ne cessait de répéter avec rage le refrain infernal qui lui coûtait la raison et la santé.

Ce Pipelet n'est autre que le Pipelet des *Mystères de Paris*, et Eugène Sue s'est peint lui-même dans le rapin Cabrion.

La campagne d'Alger arriva; Gudin partit pour l'Afrique; les deux amis se trouvèrent séparés; Eugène Sue se remit à la littérature.

Atar-Gull, un de ses romans les plus complets, fut commencé à cette époque.

Puis vint la révolution de juillet.

Eugène Sue fit alors, avec Desforges, une comédie intitulée *le Fils de l'Homme*.

Les souvenirs de jeunesse se réveillaient chez Eugène Sue; il se rappelait que Joséphine avait été sa marraine et qu'il portait le prénom du prince Eugène.

La comédie faite, elle resta là ; la réaction orléaniste avait été plus vite que les auteurs.

D'ailleurs, Desforges, l'un des coupables, était devenu le secrétaire du maréchal Soult. On comprend que le maréchal Soult, qui devait tout à Napoléon, aurait eu de grandes répugnances à voir jouer une pièce en l'honneur de son fils.

Mais l'amour-propre d'auteur est une passion bien imprudente ; on a vu de pauvres filles trahir leur maternité par leur amour maternel.

Un jour, Desforges avait déjeuné avec Volnys ; après ce déjeuner, il tira la pièce incendiaire de son carton et la lut à Volnys.

Volnys était fils d'un général de l'Empire qui n'avait pas été fait maréchal ; son cœur se fondit à cette lecture.

— Laissez-moi le manuscrit, dit-il ; je veux relire cela.

Desforges laissa le manuscrit ; — six semaines s'écoulèrent.

Le bruit se répandit sourdement dans le monde littéraire qu'il se préparait un grand événement au Vaudeville.

On demandait ce que pouvait être cet événement ; Bossange était alors directeur du Vaudeville, Bossange, le collaborateur de Soulié dans deux ou trois drames ; Bossange, qui était alors et qui est encore aujourd'hui un des hommes les plus spirituels de Paris.

Déjazet était un des principaux sujets de son théâtre.

On les savait capables de tout à eux deux.

Un soir, Desforges, curieux de savoir quel était cet événement littéraire que couvait le Vaudeville, était venu dans les coulisses.

Il rencontre Bossange et veut l'interroger à ce sujet.

Mais Bossange était trop affairé.

— Ah! mon cher, lui dit-il, je ne puis rien entendre ce soir : imaginez-vous qu'Armand est malade et nous fait manquer le spectacle, de sorte que nous sommes obligés de donner au pied levé une pièce qui était en répétition et qui n'est pas sue. Voyons, monsieur le régisseur, Déjazet est-elle prête?

— Oui, monsieur Bossange.

— Alors, frappez les trois coups et faites l'annonce que vous savez.

On frappa les trois coups, on cria : « Place au théâtre! » et force fut à Desforges de se ranger comme les autres derrière un châssis.

Le régisseur, en cravate blanche, en habit noir, entra en scène et dit, après les trois saluts d'usage :

— Messieurs, un de nos artistes se trouvant indisposé au moment de lever le rideau, nous sommes forcés de vous donner, à la place de la seconde pièce, une pièce nouvelle qui ne devait passer que dans trois ou quatre jours. Nous vous supplions d'accepter l'échange.

Le public, auquel on donnait une pièce nouvelle au lieu d'une vieille, couvrit d'applaudissements le régisseur.

La toile tomba pour se relever presque aussitôt.

En ce moment, Déjazet descendait de sa loge en uniforme de colonel autrichien.

— Ah! mon Dieu! s'écria Desforges, à qui un éclair traversa le cerveau, que joues-tu donc là?

— Ce que je joue? Je joue *le Fils de l'Homme*. Allons, laisse-moi passer, monsieur l'auteur.

Les bras tombèrent à Desforges. Déjazet passa.

La pièce eut un succès énorme.

Après la représentation, Desforges se fit ouvrir la porte de communication du théâtre avec la salle; il voulait porter la nouvelle à Eugène Sue.

Il se heurte dans le corridor avec un monsieur tout effaré.

Ce monsieur, c'était Eugène Sue.

Le hasard avait fait qu'il s'était trouvé dans la salle en même temps que Desforges se trouvait dans les coulisses.

Sur ces entrefaites, le docteur Sue mourut, laissant à peu près vingt-trois ou vingt-quatre mille livres de rentes à Eugène Sue.

Il était temps : les quatre-vingt mille francs du grand-père maternel étaient mangés, ou tout au moins tiraient à leur fin.

Eugène Sue pouvait vivre désormais sans faire de littérature; mais, une fois qu'on a revêtu cette tunique de Nessus, tissue d'espérance et d'orgueil, on ne l'arrache plus facilement de ses épaules.

Notre auteur continua donc sa carrière littéraire par *la Salamandre*, encore un de ses meilleurs romans; puis parut *la Coucaratcha*, puis *la Vigie de Koat-Ven*.

Ces trois ou quatre ouvrages placèrent bruyamment Eugène Sue au rang des littérateurs modernes, mais soulevèrent contre lui la grande question d'immoralité, qui l'a si longtemps poursuivi.

Faisons halte un instant et examinons cette question.

Nous avons dit ailleurs qu'Alfred de Musset avait une maladie de l'âme. Nous pourrions dire d'Eugène Sue qu'il avait une maladie de l'imagination; ce qui est beaucoup moins grave, et la preuve, c'est que, avec sa maladie de l'âme, de Musset devint un méchant garçon, tandis que, avec sa maladie de l'imagination, Eugène Sue resta toujours un brave et excellent cœur.

Seulement, Eugène Sue se *croyait* dépravé.

Eugène Sue croyait avoir besoin de certaines excitations pour éprouver certains désirs.

Il n'avait pas cherché cette accusation d'immoralité : il avait écrit avec son imagination malade ; avec cette imagination malade, il avait créé les rôles de Brulard, de Pazillo, de Zaffie ; il eût voulu être ces hommes-là, et, par malheur ou plutôt par bonheur, n'avait point la moindre ressemblance avec eux. Il s'était fait, pour ainsi dire, un miroir diabolique dans lequel il se regardait ; abandonné au désordre de son imagination, il rêvait les fantaisies horribles du marquis de Sade. Mais, en face de la réalité, il pleurait comme un enfant et faisait l'aumône comme un saint.

Nous donnerons deux ou trois exemples de cette adorable bonté ; pour être un peu excentriques, ils n'en sont pas moins vrais.

Eh bien, lorsque se dressa contre Eugène Sue cette accusation d'immoralité, il fut au septième ciel.

— Maintenant, me disait-il à cette époque, je suis lancé ; toutes les femmes vont vouloir de moi.

Alors, pour entretenir l'accusation, il y répondit et érigea en système ce qui n'était chez lui qu'un accident du hasard, une défaillance de son imagination.

Il déclara que c'était de son libre arbitre et à tête reposée que, comme dans ce hideux roman de *Justine*, il faisait triompher le crime et succomber la vertu ; qu'il était selon les lois de la religion, qui met au ciel la récompense des souffrances de ce monde; et il soutint que, si la vertu était récompensée ici-bas, elle n'aurait pas besoin de récompense au ciel.

Une fois entré dans ce système, tout ce qui pouvait concourir à fausser l'idée du public sur lui, était religieusement cultivé par lui.

Je le rencontrai un jour, joyeux, content, enchanté de lui. Il appelait une voiture pour aller plus vite.

— Où courez-vous comme cela? lui demandai-je.

— Ah! mon cher, ne m'arrêtez pas : je cours chez moi commencer une nouvelle dont je viens de trouver...

— Le dénoûment, interrompis-je?

— Non, la première phrase.

Je me mis à rire.

— Et cette phrase est?... lui demandai-je.

— *Depuis six mois, j'étais l'amant de la femme de mon meilleur ami.*

Et, en effet, cette phrase commence, je crois, une des nouvelles de la *Coucaratcha*.

Souvent, quand nous causions avec de Leuven et Ferdinand Langlé de cette manie d'Eugène Sue de se *méphistophéliser*, nous riions à cœur joie. Rien n'était moins diabolique que ce gai et charmant garçon.

Mais les deux brises littéraires qui soufflaient alors sur la France, venaient, l'une d'Allemagne et l'autre d'Angleterre : la première disait Faust et Werther; la seconde, don Juan et Manfred.

Rien ne fâchait plus Eugène Sue que de se voir nier en face cette prétendue corruption.

Souvent, à l'appui de cette corruption qu'il ambitionnait, il racontait des anecdotes qui indiquaient, disons plus, qui dénonçaient le meilleur cœur de la terre.

Un jour que je le poussais à bout :

— Tenez, me dit-il, je vais vous donner une idée du degré auquel je suis usé et mauvais. Voici ce qui m'est arrivé il y a quelques jours. Depuis un mois, j'aimais et désirais une femme du monde, une honnête créature que j'avais l'idée de mettre à mal; mais, comme elle était sévèrement gardée par son mari, nous n'avions jamais pu nous trouver seuls ensemble, quoiqu'elle le désirât autant que moi. Enfin, lundi dernier, je reçois une lettre d'elle; elle était libre pour un jour ou deux, et m'attendait à sa campagne. Vous comprenez que je pars; on m'attendait pour dîner; j'arrive à l'heure dite, à six heures. C'était par une adorable soirée d'automne, une de ces soirées d'automne qui rappellent le printemps. Elle m'attendait sur le perron, vêtue de blanc, comme une vestale antique. Elle me conduisit à une terrasse enveloppée de fleurs ; la table était servie pour nous deux. Je n'ai jamais vu fête pareille, mon ami ; toute la nature était en joie ! le soleil était tiède, la brise caressante, l'atmosphère parfumée... Eh bien, savez-vous ce que je suis devenu au milieu de ces honnêtes excitations ? Une véritable borne-fontaine ! *J'ai pleuré, et tout s'est borné là.* Si, au lieu de me donner rendez-vous sur une terrasse couverte de fleurs, en plein air, au soleil couchant, cette femme m'eût donné rendez-vous dans quelque mauvais lieu, j'eusse été un Hercule, au lieu d'être un Abeilard.

Et voilà ce que le pauvre Eugène appelait de la corruption.

Comment arriver à raconter le pendant de cette anecdote ? Je n'en sais rien, mais je vais essayer.

Fermez-vous, oreilles chastes ; voilez-vous, regards pudibonds.

Un soir, il est arrêté par une fille, et monte chez elle. Dans un coin de la chambre, il voit une espèce d'assemblage de châles, de robes et de chiffons, duquel sortait de temps en temps un soupir.

— Qu'est-ce que cela ? demande Eugène Sue.

— Ne fais pas attention, dit la fille, c'est une de mes amies.

— C'est une femme, cela ?

— Sans doute.

— Mais où est sa tête?

— Tu ne peux pas la voir, elle la cache entre ses mains.

— Pourquoi la cache-t-elle?

La fille se penche à son oreille :

— Son amant lui a jeté du vitriol au visage, de sorte qu'elle est dévisagée.

La fille, accroupie, qui se doute que l'on raconte son aventure, se met à pleurer.

Eugène va à elle.

— Ah çà! lui dit-il, pauvre fille, tu regrettes donc de ne plus pouvoir faire le métier?

— Quelquefois, dit la fille en regardant entre ses doigts, quand je vois un beau garçon comme toi.

Eugène Sue va aux bougies et les souffle.

. . . .

Puis, en s'en allant, il laisse deux louis sur la cheminée.

Il avait fait double aumône, et il donnait cette anecdote comme une preuve de sa corruption.

En 1834, Eugène Sue fit paraître les premières livraisons de son *Histoire de la Marine française,* un de ses plus mauvais ouvrages.

Le libraire n'acheva pas la publication.

Eugène Sue, par la nature de son talent, ne pouvait réussir ni dans l'histoire, ni dans le roman historique. *Jean Cavalier* est un livre médiocre, et c'est cependant le plus important de ses ouvrages historiques. *Le Morne au Diable*, moins long, est infiniment meilleur, quoique la fable du duc de Monmouth, si bossu que le bourreau s'y reprit à trois ou quatre fois pour lui couper la tête, soit inadmissible.

En sept ou huit ans, il publia successivement, mais sans succès réel, *Deleytar, le Marquis de Létorières, Hercule Hardy, le Colonel Surville, le Commandeur de Malte, Paula Monti*.

Pendant ce temps, Sue avait mené la vie de grand seigneur. Il avait, rue de la Pépinière, une charmante maison encombrée de merveilles et qui n'avait qu'un défaut : c'était de ressembler à un cabinet de curiosités ; il avait trois domestiques, trois chevaux, trois voitures, tout cela tenu à l'anglaise ; il avait les plus ruineuses de toutes les maîtresses, des femmes du monde ; il avait une argenterie que l'on estimait cent mille francs ; il donnait d'excellents dîners, et se passait enfin tous ses caprices ; ce qui était d'autant plus facile que, lorsqu'il manquait d'argent, il écrivait à son notaire : « Envoyez-moi trois mille, cinq mille, dix mille francs, » et que son notaire les lui envoyait.

Mais, un jour qu'il avait demandé cinq mille francs à son notaire, son notaire lui répondit :

« Mon cher client,

» Je vous envoie les cinq mille francs que vous

me demandez, mais je vous préviens qu'encore deux demandes pareilles et tout sera fini.

» Vous avez mangé toute votre fortune, moins quinze mille francs. »

Le hasard me conduisit chez lui ce jour-là. Nous devions faire une pièce ensemble; il m'avait écrit plusieurs fois de venir le voir, et j'étais venu.

Il était atterré.

Il me raconta très-simplement ce qui lui arrivait, en me disant :

— Je ne toucherai point à ces quinze mille francs-là; j'emprunterai, je travaillerai et je rendrai.

— Oh! lui dis-je, à quoi pensez-vous, cher ami! si vous empruntez, les intérêts vous mangeront bien au delà de vos quinze mille francs.

— Non, me dit-il, j'ai quelqu'un, une excellente amie à moi...

— Une femme?

— Plus qu'une femme, une parente, une parente très-riche; elle me prêtera ce dont j'aurai besoin, fût-ce cinquante mille francs. Venez demain, j'aurai sa réponse.

Je revins le lendemain.

Je le trouvai anéanti.

La personne avait répondu par un refus motivé sur toutes ces banalités que l'on invente quand on ne veut pas rendre un service.

Mais ce qui était le plus curieux, c'était le post-scriptum qui terminait la lettre :

« Vous parlez d'aller à la campagne ; surtout n'y allez pas avant de m'avoir présentée à l'ambassadeur d'Angleterre. »

C'était surtout ce post-scriptum qui exaspérait le pauvre Eugène.

— Et que l'on dise encore, s'écriait-il, que je peins la société en laid !

Le lendemain, je revins le voir, non point pour travailler, mais pour savoir dans quel état il était.

Il était au lit avec une fièvre horrible. Il avait été à Chatenay, petite maison de campagne qu'il avait, pour reposer un instant sa pauvre tête brisée sur le cœur d'une femme qu'il aimait ; mais elle connaissait sa ruine et s'était excusée de ne pouvoir venir au rendez-vous.

Il n'y avait cependant pas loin de Verrières à Chatenay.

Passons du jeune homme à l'homme. La douleur mûrit vite.

D'ailleurs, Eugène Sue avait trente-six à trente-huit ans à peu près, lors de cette catastrophe.

L'HOMME.

Ce qui épouvanta surtout Eugène Sue, ce ne fut point seulement qu'il ne lui restât plus que quinze mille francs, c'est qu'il reconnut qu'il en devait à peu près cent trente mille.

Il tomba dans un profond marasme.

Tous les amis des jours de jeunesse et de folies avaient disparu. Une autre société s'était faite autour de l'auteur de talent.

Au nombre des jeunes hommes qu'Eugène Sue voyait le plus à cette époque était Ernest Legouvé.

Legouvé est un esprit sain, un cœur droit, une âme chrétienne.

Il se trouvait, sinon parent, du moins allié d'Eugène Sue. La première femme du docteur Sue était devenue, après divorce, la seconde femme du père de Legouvé, l'auteur du *Mérite des Femmes*.

Ernest Legouvé s'inquiéta de l'état dans lequel il voyait Eugène.

Il avait lui-même pour ami un homme non-seulement à l'âme droite, mais au cœur fort. C'était Goubaux.

Goubaux connaissait peu Eugène Sue, ne l'ayant vu que deux ou trois fois et sans intimité; il n'en accepta pas moins cette mission que lui confiait Legouvé et qui avait pour but de relever, par la force, par la raison et par la droiture, cette âme brisée qui n'avait la force que de gémir.

Goubaux trouva le malade dans une atonie morale complète ; tout venait de lui manquer à la fois : fortune, amitié, amour !

Goubaux essaya de le relever par la gloire.

Mais lui, souriant tristement :

— Mon cher monsieur, lui dit-il, voulez-vous que je vous dise une chose, c'est que je n'ai pas de talent.

— Comment, vous n'avez pas de talent? dit Goubaux étonné.

— Eh! non! j'ai eu quelques succès, mais médiocres ; rien de tout ce que j'ai fait n'est réellement une œuvre. Je n'ai ni style, ni imagination, ni fond, ni forme ; mes romans maritimes sont de mauvaises imitations de Cooper ; mes romans historiques, de mauvaises imitations de Walter Scott. Quant à mes trois ou quatre pièces de théâtre, cela n'existe pas. J'ai une façon de travailler déplorable : je commence mon livre sans avoir ni milieu ni fin ; je travaille au jour le jour, menant ma charrue sans savoir où, ne connaissant pas même le terrain que je laboure. Tenez, en voulez-vous un exemple : voilà deux mois que j'ai fait les deux premiers feuilletons d'un roman nommé *Arthur ;* voilà deux mois que ces deux feuilletons ont paru dans la *Presse*. Je ne puis pas arriver à faire le troisième. Je suis un homme perdu, mon cher monsieur Goubaux, et, si je n'étais pas *poltron comme une vache,* je me brûlerais la cervelle.

— Allons, dit Goubaux, vous êtes encore plus malade qu'on ne me l'avait dit. Je croyais vous trouver ne doutant que des autres, et je vous trouve doutant de vous-même. Je vais lire ce soir ces deux premiers feuilletons d'*Arthur*, et je reviendrai demain en causer avec vous.

Et il lui tendit la main.

Eugène Sue prit la main que lui tendait Goubaux, mais avec un sourire découragé et en secouant la tête.

Goubaux revint le lendemain; il avait lu les deux chapitres. Ces deux chapitres, dont le premier est consacré à un voyage avec un postillon qui raconte comment il a été dupe de la vieille mystification d'un homme qui, voulant aller vite et ne payer que vingt-cinq sous de guides, recommande au postillon d'aller doucement, ce que celui-ci se garde bien de faire, et dont le second contient la description d'une maison de campagne charmante, espèce d'oasis perdue dans un désert du Midi, au milieu des sables; ces deux chapitres, en piquant la curiosité, n'entament aucun sujet.

Ils avaient donc pu, en effet, comme l'avait dit Eugène Sue, être écrits sur une première donnée, rompue avec ces deux premiers chapitres et ne donnant absolument dans rien.

— Ah! vous voilà? dit Eugène Sue; je vous avoue que je ne comptais pas vous revoir.

— Pourquoi cela ?

— Mais parce que je suis assommant, et qu'à votre place je ne serais pas revenu.

Goubaux haussa les épaules.

— J'espère, au moins, reprit Eugène Sue, que vous n'avez pas lu les deux chapitres.

— C'est ce qui vous trompe, je les ai lus.

— J'en fais compliment à votre patience.

Goubaux lui prit la main.

— Écoutez-moi, lui dit-il.

— Oh ! parlez.

— Vous dites que vous n'avez rien d'arrêté pour la suite de votre roman ?

— Pas cela !

Et Eugène jeta une chiquenaude en l'air.

— Eh bien, je vais vous donner une idée.

— Laquelle ?

— Vous doutez de tout, de vos amis, de vos maîtresses, de vous-même ?

— J'ai quelques raisons pour cela.

— Eh bien, faites le roman du doute : que ce voyageur qui visite la maison abandonnée soit vous. Creusez votre cœur, faites-en résonner toutes les fibres. L'autopsie que l'on fait de son propre cœur est la plus curieuse de toutes, croyez-moi, et ce n'était pas sans raison que les Grecs avaient écrit, sur le fronton du temple de Delphes, cette maxime du sage : « Connais-toi toi-même. »

Vous serez tout étonné qu'autour de vous gravitera tout un monde de personnages créés, non point par vous, mais, selon le côté où vous les envisagerez, par le hasard, la fatalité ou la Providence. Quant aux événements, au lieu que ce soient les caractères qui ressortent d'eux, ce sont eux qui ressortiront des caractères. Mais, avant tout, quittez Paris, isolez-vous avec vous-même, trouvez quelque campagne ; il n'est point besoin qu'elle ait le confortable de celle que vous décrivez. Allez, allez, et ne revenez que quand votre roman sera fini.

Eugène Sue poussa un soupir de doute.

— Vous en avez le placement, n'est-ce pas ?

— J'ai un traité avec un libraire qui me donne trois mille francs par volume ; plus la *Presse*, qui peut m'en rapporter deux mille.

— Allez, restez quatre mois, faites quatre volumes ; vous aurez gagné vingt mille francs, et vous en aurez dépensé deux ou trois mille ; il vous restera dix-sept mille francs ; vous payerez là-dessus cinq ou six mille, vous garderez le reste. Vous verrez comme cela fait du bien de payer !

— Mais...

— Je vous dis d'aller.

Eugène Sue laissa tomber sa tête sur sa poitrine.

— Je vous quitte, lui dit Goubaux.

— Reviendrez-vous demain?
— Non. J'attendrai de vos nouvelles.
Et il sortit.

Le lendemain, il reçut un petit billet parfumé et sur du papier de couleur. C'était une des faiblesses de notre ami.

« Vous avez raison. Je pars et ne reviendrai que quand *Arthur* sera fini.

» Votre bien-reconnaissant,

» Eugène Sue.

» Si vous avez à m'écrire, écrivez-moi à Chatenay ; ayant cette maison de campagne, j'ai jugé inutile de faire la dépense d'en louer une autre. »

Trois mois après, il revint. *Arthur* était fait.
Voyez par cet extrait de la préface, s'il avait bien suivi le conseil de Goubaux.

« Le personnage d'Arthur n'est donc pas une fiction..., son caractère une invention d'écrivain ; les principaux événements de sa vie sont racontés naïvement ; presque toutes les particularités en sont vraies.

» Attiré vers lui par un attrait aussi inexplicable qu'irrésistible, mais souvent forcé de l'abandonner, tantôt avec une sorte d'horreur, tantôt par un sentiment de pitié douloureuse, j'ai longtemps connu, quelquefois consolé, mais toujours profondément plaint cet homme singulier et malheureux.

» Si, afin de rassembler les souvenirs d'hier, et presque stéréotypés dans ma mémoire, j'ai choisi ce cadre : *Journal d'un inconnu,* c'est que j'ai cru que ce mode d'affirmation pour ainsi dire personnelle, donnerait encore plus d'autorité, d'individualité au caractère neuf et bizarre d'Arthur, dont ces pages sont le plus intime, le plus fidèle reflet.

» En effet, *une puissance rare : l'attraction; un penchant peu vulgaire : la défiance de soi,* servent de double pivot à cette nature excentrique qui emprunte toute son originalité de la combinaison étroite, et pourtant anormale, de ces deux contrastes.

» En d'autres termes : qu'un homme doué d'un très-grand attrait, soit, sinon présomptueux, du moins confiant en lui, rien de plus simple ; qu'un homme sans intelligence ou sans dehors soit défiant de lui, rien de plus naturel.

» Qu'au contraire, un homme réunissant, par hasard, les dons de l'esprit, de la nature et de la fortune, plaise, séduise, mais qu'il ne croie pas au charme qu'il inspire ; et cela, parce qu'ayant la conscience de sa misère et de son égoïsme, et que, jugeant les autres d'après lui, il se défie de tous, parce qu'il doute de son propre cœur; que, doué pourtant de penchants généreux et élevés auxquels il se laisse parfois entraîner, bientôt il les refoule impitoyablement en lui, de crainte d'en être dupe, parce qu'il juge ainsi le monde, qu'il les croit, sinon ridicules, du moins funestes à celui qui s'y livre; ces contrastes ne semblent-ils pas un curieux sujet d'étude?

» Qu'on joigne, enfin, à ces deux bases primordiales du caractère, des instincts de tendresse, de confiance, d'amour et de désœuvrement, sans cesse contrariés par une défiance incurable, ou flétris dans leur germe par une connaissance fatale et précoce des plaies morales de l'espèce humaine; un esprit souvent accablé, inquiet, chagrin, analytique, mais d'autres fois vif, ironique et brillant; une fierté, ou plutôt une susceptibilité à la fois si irritable, si ombrageuse et si délicate, qu'elle s'exalte jusqu'à une froide et implacable méchanceté si elle se croit blessée, ou qu'elle s'épanche en regrets touchants et désespérés, lorsqu'elle a reconnu l'injustice de ses soupçons; et on aura les principaux traits de cette organisation.

» Quant aux accessoires de la figure principale de ce récit, quant aux scènes de la vie du monde, parmi lesquelles on la voit agir, l'auteur de ce livre en reconnaît d'avance la pauvreté stérile; mais il pense que les mœurs de la société, aujourd'hui, n'en présentent pas d'autres, ou, du moins, il avoue n'avoir pas su les découvrir.

» Ceci dit à propos de cet ouvrage, ou plutôt de cette longue, trop longue peut-être, étude biographique, passons.

» Un écrivain n'ayant guère d'autre moyen de répondre à la critique d'une œuvre que dans la préface d'une autre, je dirai donc deux mots sur une question soulevée par mon dernier ouvrage (*Latréaumont*), et posée avec une flatteuse bienveillance par ceux-ci, avec une haute et grave sévérité par ceux-là ; ici avec amertume, là avec ironie, ailleurs avec dédain.

» Cette question est de savoir si je renonce à cette conviction, taxée, selon chacun, de paradoxe, de calomnie sociale, de triste vérité, de misérable raillerie, ou de thèse inféconde ; cette question est de savoir, dis-je, si je renonce à cette conviction, *que la vertu est malheureuse et le vice heureux ici-bas.*

» Et, d'abord, bien que rien ne lui semble plus pénible que de parler de soi, l'auteur de ce livre ne peut se lasser de répéter qu'il n'a pas la moindre des prétentions *philosophiques* qu'on lui accorde, qu'on lui suppose ou qu'on lui reproche ; que, dans ses ouvrages sérieux ou frivoles, qu'il s'agisse d'histoire, de comédie ou de romans, il n'a jamais voulu *formuler de système*, qu'il a toujours écrit selon ce qu'il a ressenti, ce qu'il a vu, ce qu'il a lu sans vouloir imposer sa foi à personne.

» Seulement, ce qui autrefois avait été pour lui, plutôt la prévision de l'instinct que le résultat de l'expérience, a pris, à ses yeux, l'impérieuse autorité d'un fait.

» Que si, enfin, il semble renoncer, non à sa triste croyance, mais à signaler, même dans ses propres ouvrages, les observations ou les preuves irrécusables qu'il pourrait citer à l'appui de sa conviction, c'est qu'à cette heure, plus avancé dans la vie, il sait qu'une intelligence ordinaire suffit pour faire triompher une erreur, mais que le privilége de consacrer, d'accréditer les VÉRITÉS ÉTERNELLES est réservé au génie ou à la Divinité.

» En un mot, ne voulant pas hasarder ici un rapprochement facile et sacrilége entre la vie sublime et la mort infamante du divin Sauveur (*véritable symbole de sa pensée*), il reconnaît humblement que Galilée seul pouvait dire du fond de son cachot : *E pur si muove!*

» EUGÈNE SUE. »

Eugène suivit en tout point le conseil de Goubaux. Sur les vingt mille francs d'*Arthur*, il paya six ou sept mille francs de dettes.

De là date l'amitié de Goubaux pour Eugène

Sue, et l'espèce de vénération qu'Eugène Sue avait pour Goubaux.

Un jour, il lui disait :

— Tout homme a la chose qu'il aime selon son utilité, et son ami qu'il compare à cette chose. Ainsi, moi-même, j'ai des amis que j'aime les uns comme mes bagues, les autres comme mon argenterie, les autres comme mes chevaux ; vous, mon cher Goubaux, vous êtes ma *ferme de Beauce.*

Et il ne lui écrivait jamais que : « Ma chère ferme de Beauce. »

Et il avait raison ; car Goubaux était, non-seulement l'homme du conseil moral, mais encore l'homme du conseil littéraire.

Vers 1839 ou 1840, le cœur d'Eugène Sue se reprit d'un grand amour. Cette passion, qui avait commencé comme un caprice à la manière du pari de M. de Richelieu dans *Mademoiselle de Belle-Isle*, devait tenir une grande place dans la vie du romancier.

Cette fois, celle qu'il aimait et dont il était aimé, était une des femmes les plus distinguées et les plus intelligentes de Paris.

Ce fut, ayant à sa droite Goubaux, qui était sa raison, et à sa gauche cette femme, qui était sa lumière, qu'Eugène Sue fit ses deux meilleurs romans, *Mathilde* et *les Mystères de Paris.*

Mathilde ne fut point estimée à sa valeur ; *les*

Mystères de Paris furent estimés au delà de la leur.

Disons comment se fit ce livre, attaquable sur tant de points, mais si magnifique sur tant d'autres, et qui devait avoir une influence si grande et si inattendue sur l'avenir de son auteur.

Souvent, Goubaux, en causant avec Eugène Sue, lui avait dit :

— Mon cher Eugène, vous croyez connaître le monde et vous n'en avez vu que la surface; vous croyez connaître les hommes et les femmes, et vous n'avez vu et fréquenté qu'une classe de la société. Il y a une chose au milieu de laquelle vous vivez, que vous ne voyez pas, qui vous coudoie éternellement, qui vous porte, vous soulève, vous caresse ou vous brise, comme l'Océan porte, soulève, caresse ou brise un vaisseau. C'est le peuple ! Ce peuple ! jamais on ne l'entrevoit même dans vos livres; vous le dédaignez, vous le méprisez, vous le mettez à néant, vous le traitez comme un zéro, et cela, sans le connaître. Voyez donc le peuple, étudiez-le donc, appréciez-le donc; c'est un cinquième élément que la physique a oublié de classer, et qui attend son historien, son romancier, son poëte. Vous avez assez vécu jusqu'aujourd'hui dans les régions supérieures de la société; descendez dans les classes inférieures; c'est là, croyez-moi, que sont les grandes douleurs, les grandes misères, les grands crimes, mais aussi les grands dévouements et les grandes vertus.

— Mon cher ami, répondait Eugène Sue, je n'aime pas ce qui est sale et ce qui sent mauvais.

— Médecin des corps, répondait le philosophe, vous avez fouillé dans la puanteur et la pourriture des cadavres pour chercher les remèdes physiques; médecin de l'âme, fouillez dans la puanteur et la pourriture sociales pour chercher les remèdes moraux.

Mais Eugène Sue secouait la tête.

Un jour, enfin, il se décida.

Il acheta une vieille blouse grise couverte de taches de couleur, et qui avait appartenu à quelque peintre vitrier, se coiffa d'une casquette, passa un pantalon de toile, chaussa de gros souliers, salit ses mains, dont il avait un soin tout particulier, et s'en alla tout seul dîner dans un cabaret de la rue aux Fèves.

Le hasard le servit.

Il assista à une rixe grave. Les acteurs de cette rixe lui donnèrent les types de Fleur-de-Marie et du Chourineur; du Chourineur, de l'homme qui voit rouge, c'est-à-dire d'une création qui peut lutter avec ce que les plus grands créateurs ont fait de plus beau.

Il rentra, et, sans savoir où cela le mènerait, il fit les deux premiers chapitres des *Mystères de*

Paris, comme il avait fait les deux premiers chapitres d'*Arthur*; puis un troisième qui s'y rattachait tant bien que mal : c'était un souvenir de la salle d'armes, de boxe et de bâton de lord Seymour.

Rodolphe, à ce moment, n'était pas encore prince régnant.

Ces trois chapitres faits, il envoya chercher Goubaux et les lui lut.

Goubaux trouva les deux premiers chapitres excellents, mais le troisième mal soudé, inutile d'ailleurs. Il fut sacrifié séance tenante.

Eugène Sue n'avait aucun amour-propre, et jetait ses manuscrits au feu avec une extrême facilité.

Il fut, en outre, convenu qu'un roman de cette forme et dans cette couleur ne pouvait passer dans un journal.

— Cela tombe à merveille, dit Eugène Sue : mon libraire m'a demandé de lui rendre le service de lui donner un livre inédit.

Eugène Sue discuta avec Goubaux le plan de trois ou quatre autres chapitres, qui furent arrêtés.

C'était un horizon immense pour Eugène Sue, que quatre chapitres, lui qui, d'habitude, trouvait au hasard de la plume et faisait au jour le jour.

Goubaux parti, Eugène Sue écrivit à son libraire

et lui lut les deux chapitres. Il fut convenu que le roman aurait deux volumes et ne serait pas mis dans un journal.

Quinze jours après, le libraire était en possession de son premier volume et avait l'idée d'aller le vendre au *Journal des Débats*.

Dès leur apparition, les *Mystères de Paris* eurent un tel succès, qu'il fut convenu qu'au lieu de deux volumes, on en ferait quatre, puis six, puis huit, puis dix, je crois.

De là vient la lassitude et l'affaiblissement des quatre derniers volumes, la déviation des caractères, et les notes nombreuses destinées à faire passer certaines oppositions trop brutales, comme, par exemple, celle de Fleur-de-Marie, fille publique au premier chapitre, et vierge et martyre au dernier; de plus, chanoinesse!

Le jour où Eugène Sue eut l'idée d'en faire une chanoinesse, ce fut fête rue de la Pépinière. Il crut avoir trouvé un admirable paradoxe social.

Mais, malgré tous les défauts de l'ouvrage, les *Mystères de Paris* étaient un livre immense : le peuple y jouait son rôle, un grand rôle.

L'amélioration des classes inférieures était représentée dans la personne du Chourineur.

Morel le lapidaire était un beau type de vertu.

Les misères du peuple y étaient décrites d'une façon poignante.

Le succès fut universel, et, chose étrange, se répandit surtout dans les couches supérieures de la société.

Tous les jours, Eugène Sue recevait, de quelque main invisible, cent francs, deux cents francs, et jusqu'à trois cents francs, avec des billets dans le genre de celui-ci :

« Monsieur,

» Nous ignorions qu'il existât des misères pareilles à celles que vous nous avez racontées ; car, pour les si bien dépeindre, vous avez dû nécessairement les voir. Appliquez donc à quelque bonne œuvre la somme que j'ai l'honneur de vous envoyer. »

Et alors seulement, Eugène Sue comprit quel admirable conseil lui avait donné Goubaux.

Il se mit à aimer le peuple, qu'il avait peint, qu'il soulageait, et qui, de son côté, lui faisait son plus grand, son plus beau succès.

Dans la répartition des aumônes qu'il était chargé de faire, il se taxa lui-même à trois cents francs par mois, et, jusqu'à l'heure de sa mort, en exil comme en France, alla souvent au delà, mais ne demeura jamais en deçà de cette somme.

Au milieu de l'étonnement naïf que lui causait

cette espèce de découverte d'un monde inconnu, une suite d'articles de la *Démocratie pacifique* vint le surprendre.

Le journal phalanstérien le présentait à ses lecteurs, non-seulement comme un grand romancier, mais encore comme un grand philosophe socialiste.

Dès ce moment, Eugène Sue vit la portée inconnue de l'œuvre qu'il avait produite; il vit la nouvelle voie qui lui était ouverte; il réfléchit un instant; puis, convaincu qu'il y avait plus de bien à faire dans celle-là que dans celle qu'il avait suivie jusqu'alors, il s'y engagea résolument.

Les *Mystères de Paris*, qui avaient beaucoup fait pour la réputation d'Eugène Sue, ne firent rien, momentanément du moins, pour sa fortune : le libraire y gagna tout, lui presque rien.

Mais, aux yeux de la France, aux yeux du monde entier, Eugène Sue fut le premier romancier de son époque : jamais, peut-être, enthousiasme pour une œuvre ne fut plus universel que pour les *Mystères de Paris*.

L'argent, le premier des flatteurs et le plus grand des poltrons, courut au succès.

M. le docteur Véron, l'ancien collègue d'Eugène Sue, venait d'acheter le *Constitutionnel* expirant. Le malheureux journal, saigné tous les jours par les coups d'épingles des autres journaux, était sur le point de mourir d'épuisement; M. le docteur Véron résolut de le faire revivre avec Eugène Sue.

Il alla trouver l'auteur des *Mystères de Paris*, fit avec lui un traité de quinze ans; pendant quinze ans, Eugène Sue devait produire dix volumes par an, en échange desquels M. le docteur Véron devait lui compter cent mille francs.

M. le docteur Véron partageait dans le produit de l'étranger.

Alors, poursuivant sa voie nouvelle, c'est-à-dire la voie socialiste, Eugène Sue publie le *Juif errant, Martin*, les *Sept péchés capitaux*.

Grâce à l'admirable marché qui lui avait été fait, il avait pu payer ses dettes, et retrouver, en partie du moins, cet ancien luxe qui lui était si nécessaire. Il avait sa maison de la rue de la Pépinière, à Paris, et son *château* des Bordes.

Ce château des Bordes lui a été tant reproché, qu'il faut que nous disions un peu ce que c'était que ce fameux château, où nous l'avons été voir en 1846 ou 1847.

Les Bordes, c'est-à-dire le véritable château, appartenait à son beau-frère M. Caillard.

A l'extrémité du parc, il y avait une espèce de grange abandonnée.

Eugène Sue, qui logeait aux Bordes, mais qui n'y trouvait pas toutes les conditions de liberté et de solitude désirables pour son travail, demanda à son beau-frère de lui céder cette grange, ce qu'il n'eut pas de peine à obtenir.

Il la fit diviser en plusieurs compartiments, y ajouta une serre, et ce fut le *château des Bordes*.

Eh! mon Dieu, oui, un véritable château; le goût est un enchanteur dont la baguette bâtit des palais.

Avec des fleurs, des étoffes, de l'argenterie, des vases de Chine, l'enchanteur qui de rien avait fait *Mathilde* et les *Mystères de Paris*, fit d'une grange un palais.

Là, son cœur, usé, brisé, desséché par les amours parisiennes, retrouva une certaine fraîcheur; là, l'homme qui, depuis dix ans, n'aimait plus, aima de nouveau.

Ce fut toute une idylle dans sa vie. Au milieu de cette existence devenue un désert, surgit tout à coup une source d'eau vive; puis un ruisseau au doux murmure traça son lit au milieu des sables arides, et, aux bords de ce ruisseau, poussèrent toutes les fleurs de la jeunesse et de l'innocence, les bleuets et les boutons d'or, les pâquerettes et les myosotis.

C'était une jeune fille du peuple, petite, brune, modeste; elle était brunisseuse de son état, et était entrée chez Eugène Sue pour avoir soin de l'argenterie, qui était une des passions de notre pauvre ami. Comment s'appelait-elle? Je n'en sais rien; lui l'appelait *Fleur-de-Marie*.

Jamais elle n'essaya de sortir de l'humble position qu'elle occupait; jamais Eugène Sue n'essaya de la produire. On rencontrait la douce et belle enfant dans les corridors, dans les antichambres, dans les vestibules; elle glissait et disparaissait comme une ombre; mais jamais on ne la vit ni dans la salle à manger, ni dans le salon.

Ces deux ans passés entre cette jeune fille et ses lévriers furent peut-être les deux plus douces, les deux plus limpides, les deux plus sereines années de la vie d'Eugène Sue.

Hélas! les jours de la tempête allaient venir. Dieu, qui voulait sans doute éprouver le poëte, lui enleva celle qui partout, en France comme en exil, eût empêché qu'il ne fût tout à fait malheureux.

Fleur-de-Marie se donna, contre le volet d'un meuble ouvert, un coup à la tête; elle n'y fit point attention d'abord, un abcès se forma, et elle en mourut.

Elle avait passé dans cette vie agitée comme un rayon de soleil, comme un parfum, comme un murmure, mais elle y laissait un souvenir éternel.

Eugène Sue fut au désespoir, et voilà où fut en lui l'immense progrès.

Dix ans auparavant, il eût cherché l'oubli dans

la débauche, la distraction dans l'orgie ; il ne chercha ni à oublier, ni à se distraire.

Il pleura et fit le bien.

Cette douleur marqua en lui la complète séparation de l'ancien homme et du nouveau.

Disons une des choses intelligentes et bonnes qu'il faisait là-bas, entre mille autres.

Il attelait deux de ses chevaux à une grande charrette garnie de paille, et il allait prendre chez eux tous les pauvres petits enfants qui, demeurant trop loin de l'école, eussent eu de la peine à s'y rendre à pied, surtout par le mauvais temps ; il les conduisait à l'école, puis les faisait reprendre et ramener chez eux le soir ; de sorte que ce qui eût été, pour toute cette jeunesse, une fatigue, devenait, grâce à lui, une sorte de fête.

Aussi était-il adoré aux Bordes.

Ce fut là que vint le surprendre la révolution de 1848, à laquelle toutes les intelligences contribuèrent, tant elle était dans les desseins de Dieu.

Il continuait son œuvre littéraire au milieu des coups de fusils et des émeutes, lorsqu'en 1850, il fut nommé représentant du peuple par les électeurs de la Seine, sans avoir rien fait pour la réussite de cette élection.

En effet, Sue n'était point d'une nature militante, et n'avait qu'à perdre à entrer dans la vie politique, et surtout dans la vie politique parlementaire.

Il était loin d'être éloquent, avait la langue embarrassée, zézayait en parlant, et n'avait pas même dans la conversation ce brio pour lequel beaucoup de gens inférieurs eussent pu lui donner des leçons.

Puis ses affaires s'embarrassaient de nouveau.

M. le docteur Véron était venu le trouver, mais, cette fois, non pas pour hausser le prix de vente de ses livres.

Le résultat de la conférence fut, je crois, qu'Eugène Sue ne dut plus faire que sept volumes par an, au lieu de dix, et que le *Constitutionnel* ne dut plus les payer que sept mille francs, au lieu de dix mille.

Or, sur ces sept mille francs, il y avait, je ne sais trop comment ni pourquoi, trois mille francs à payer au libraire; de sorte que le libraire, qui ne faisait rien, qui ne publiait même pas, gagnait presque autant qu'Eugène Sue, qui, ayant le travail extrêmement difficile, s'exténuait à produire.

Et même, de ce nouveau traité, le *Constitutionnel* ne publia que quatre volumes des *Sept péchés capitaux*.

Le 2 décembre arriva.

Eugène Sue ne fut porté sur aucune liste de proscription; mais le comte d'Orsay, notre ami commun, lui donna le conseil de s'expatrier volontairement.

Eugène Sue suivit ce conseil. Il se retira à Annecy, en Savoie, chez un de ses amis, M. Masset.

Il y a deux Annecy : Annecy-le-Neuf et Annecy-le-Vieux. M. Masset habitait Annecy-le-Vieux.

Eugène Sue logea d'abord chez lui; puis, un petit chalet étant venu à vaquer sur les bords du lac, il le loua pour la modique somme de quatre cents francs par an.

En quittant la France, Eugène Sue y avait laissé une centaine de mille francs de dettes, à peu près.

Son premier soin fut de s'occuper de ses créanciers.

Il fit un marché avec Masset.

Masset payerait ses dettes, lui donnerait dix mille francs par an pour vivre, et garderait le surplus pour se rembourser. Masset remboursé, le surplus des dix mille francs serait placé à la banque d'Annecy.

Au bout de trois ans, Masset fut remboursé, et les placements commencèrent.

Il y a un an à peu près que Goubaux recevait d'Eugène Sue une lettre qui commençait par ces mots :

« Ma chère ferme de Beauce,
» Croiriez-vous une chose, c'est que, si j'écri-

vais à la banque d'Annecy : « Payez à mon ordre » la somme de vingt-cinq mille francs, » elle la payerait sans contestation? »

Et, en effet, il travaillait là-bas énormément.
Voici quelle était sa vie.

Il se levait à sept heures du matin, puis se mettait au travail aussitôt sa toilette faite. A dix heures, il prenait deux tasses de thé sans crème, parfois de chocolat.

A deux heures, sa journée de travail était finie; alors, il s'habillait selon la saison, et, à moins que le temps ne fût par trop mauvais, faisait à pied le tour du lac, — quatre ou cinq lieues.

Il rentrait, se mettait à table, mangeait fortement et passait le reste de la journée avec quelques amis.

Eugène Sue avait, de tout temps, été grand marcheur. Aux Bordes, il faisait, chaque jour, des promenades de trois ou quatre heures consécutives. Il s'était imposé cet exercice pour sa santé; comme Byron, il craignait d'engraisser, et, dans cette crainte, bien plus plausible chez lui que chez Byron, il ne mangea pendant plusieurs années à son dîner qu'un seul potage aux herbes, un filet de sole, et quelques tranches de homard à l'huile.

Il y avait, en effet, chez Eugène Sue tendance à l'obésité.

Le résultat de ces sept heures de travail fut l'*Institutrice*, la *Famille Jouffroy*, un des meilleurs romans de son exil, les *Mystères du Peuple*, *Gilbert et Gilberte*, la *Bonne Aventure*, et enfin les *Secrets de l'oreiller*, qu'il a laissé inédit.

Il avait eu de nouveaux tracas avec le *Constitutionnel* : un procès où son ami Masset était intervenu, et au bout duquel on obtint que le journal payerait une somme de quarante mille francs pour ne plus publier les romans d'Eugène Sue.

O enthousiasme des spéculateurs !

Ces quarante mille francs servirent à désintéresser le libraire, qui continuait de toucher les trois mille francs par volume qu'il ne publiait pas.

C'est une singulière meule que celle qui nous broie.

Eugène Sue se retrouva ainsi maître de sa production.

Masset conclut pour lui un traité avec la *Presse* et avec le *Siècle*; il ferait six volumes par an : la *Presse* en aurait trois, le *Siècle* trois. Chaque journal payerait huit sous la ligne.

Cela, comme on le voit, réduisait fort les revenus de l'exilé.

Aussi son petit chalet, là-bas, — à part le luxe de la nature, qui lui avait fait un paysage charmant, quoique un peu triste,—aussi, disons-nous, son petit chalet était-il de la plus grande simplicité. On eût dit un presbytère élégant.

Il était situé au pied d'une montagne et déjà sur la pente, pente assez rapide pour que le rez-de-chaussée d'une de ses façades fût le premier de l'autre.

Un joli jardin plein de fleurs, — Eugène Sue a toujours adoré les fleurs, — un joli jardin plein de fleurs s'étendait jusqu'au lac, dont il n'était séparé que par une espèce de chemin de halage.

Quand Eugène Sue ne faisait pas le tour du lac, il montait sur la montagne, ordinairement tout seul, et par des sentiers qui eussent effrayé les guides du pays; il avait conservé cela de la chèvre sa nourrice.

Parvenu au but de sa course, il s'asseyait sur un rocher.

Pourquoi montait-il si haut? pourquoi regardait-il ainsi obstinément du même côté?

Répondez, proscrits de tous les temps et de tous les partis!

Il vécut ainsi cinq ans.

Depuis un an, il avait énormément maigri et avait douloureusement changé.

Je vis, il y a cinq ou six mois, une photographie de lui; je ne voulus point le reconnaître.

Sa sœur, madame Caillard, envoya une photographie pareille à Goubaux, qui la lui rendit, ne voulant pas voir ainsi celui qu'il avait vu si différent.

La fin de sa vie avait été troublée par l'entrée d'une femme dans cet humble chalet et dans cette vie triste mais calme, douloureuse mais sereine.

Cette femme le brouilla avec son meilleur ami, Masset.

Quelque temps après cette brouille, Masset mourut.

La femme ne pouvait toujours demeurer, elle s'éloigna; Eugène Sue resta seul, épuisé de corps, épuisé de cœur!...

Un matin arriva aux Barattes — c'était le nom du chalet d'Eugène Sue — un autre exilé, le colonel Charras.

Ce fut une grande fête pour les deux amis de se revoir.

Depuis cinq ou six jours, ils étaient ensemble, oubliant le présent, parlant de l'avenir, lorsque Eugène Sue fut pris d'une douleur névralgique très-forte à la tempe droite, douleur qu'il avait ressentie depuis quelques mois, à diverses reprises.

Des députations de la société nautique arrivèrent pour faire une ovation à l'exilé, peut-être aux deux exilés.

Eugène Sue éprouvait de telles douleurs de tête, qu'il ne put recevoir personne.

On se contenta de lui donner une sérénade.

Le lundi 27 juillet, une fièvre intermittente se déclara, mais elle parut céder à une énergique médication.

Le mercredi, il y avait un mieux sensible, mais accompagné de faiblesse; cependant, il resta debout et voulut commencer un nouveau roman ; il venait d'achever et d'envoyer en France les *Secrets de l'oreiller*.

Mais il froissa et jeta les premiers feuillets; les idées ne venaient pas.

Le vendredi, il était si bien portant, que ce fut lui qui réveilla Charras, lui proposant de faire avec lui son ascension favorite, — sur la montagne qui domine son chalet.

Mais, au tiers de l'ascension à peine, les forces lui manquèrent, il fut obligé de renoncer à aller plus loin, et appuyé au bras du colonel, il regagna les Barattes.

Le soir, il était faible, mais assez calme. En souhaitant le bonsoir à son hôte, il lui dit :

— Bonne nuit, colonel! quant à moi, je crois que je dormirai bien.

Il se trompait: la nuit fut mauvaise; à peine couché, il sentit le retour plus acharné des douleurs névralgiques.

Dans la crainte d'inquiéter Charras, il n'appela personne et passa une nuit entière d'insomnie.

Le lendemain, la fièvre intermittente reparut

menaçante. A la vue du malade et des symptômes de plus en plus inquiétants qui se manifestaient, Charras, du consentement de M. le docteur Lachanal, expédia une dépêche télégraphique à Genève. Elle avait pour but de réclamer le concours d'un second médecin, le docteur Maunoir.

M. Lachanal n'avait pas dissimulé les inquiétudes que lui inspirait la nouvelle phase dans laquelle la maladie entrait; en effet, Eugène Sue avait eu quelques instants de délire, après lesquels cependant la lucidité était revenue.

La journée s'écoula ainsi, c'est-à-dire dans des alternatives de délire et de retour à la raison.

Il se plaignait d'une douleur très-aiguë à l'hypocondre droit. Le médecin fit appliquer dix-huit sangsues dans la région de la rate.

A dix heures du soir, le docteur Maunoir arriva, s'entretint avec son confrère, puis vint se placer au pied du lit du malade, dont on éclaira le visage avec la lampe.

Alors M. Maunoir murmura :

— Mais ce n'est point cela que vous m'aviez annoncé.

En effet, depuis quelques minutes, Eugène Sue venait d'être frappé d'une hémiplégie qui avait paralysé le côté gauche; la face était cadavéreuse, les yeux vitreux, la bouche tordue.

C'étaient les symptômes de la mort.

Le docteur Maunoir secoua la tête et déclara que son concours était complétement inutile.

Depuis ce moment, c'est-à-dire depuis le samedi à dix heures du soir, jusqu'au lundi matin sept heures moins cinq minutes, moment précis où il rendit le dernier soupir, le mourant ne reprit pas connaissance.

Pendant ces trente-trois heures, il n'a fait qu'un mouvement imperceptible et prononcé qu'un seul mot :

— Boire !

Du reste, aucun symptôme de souffrance n'agita ces derniers moments, ordinairement si terribles, et, n'eût été le râle de l'agonie qui indiquait que le cœur battait toujours, on eût pu croire à la mort.

Lorsque le malade sentit que tout était fini, il prit la main du colonel Charras, et, la serrant avec tout ce qui lui restait d'énergie :

— Mon ami, lui dit-il, je désire mourir comme j'ai vécu, c'est-à-dire en libre penseur.

Sa volonté dernière fut exécutée.

Dieu qui lui avait fait une vie si agitée, lui donna cette douceur de mourir au moins la main dans une des mains les plus fermes et les plus loyales qu'il y ait au monde.

Merci, Charras !

ÉTAT CIVIL DU COMTE DE MONTE-CRISTO.

Puisque nous causons, chers lecteurs, je puis bien vous dire ici quelques mots *pro domo meâ*.

Oh! il s'agit de fort peu de chose, d'une simple calomnie qui se débite à mon endroit depuis quelque vingt-cinq ans.

Vous voyez qu'il y aura bientôt prescription.

Mais où prendrais-je le temps de répondre à mes détracteurs, quand je trouve à peine le temps de répondre à mes amis!

On s'est toujours fort inquiété de savoir comment s'étaient faits mes livres, et surtout qui les avait faits.

Il était si simple de croire que c'était moi, que l'on n'en a pas eu l'idée.

Et, naturellement, ce sont ceux de mes ouvrages qui ont obtenu le plus de succès, dont on me conteste le plus obstinément la paternité.

Ainsi, pour ne parler aujourd'hui que d'un seul, en Italie, on croit généralement que c'est Fiorentino qui a fait le *Comte de Monte-Cristo*.

Pourquoi ne croit-on pas que c'est moi qui ai fait la *Divine Comédie?* J'y ai exactement autant de droits.

Fiorentino a lu *Monte-Cristo* comme tout le monde, mais il ne l'a pas lu même avant tout le monde, — si toutefois il l'a lu.

Les Italiens auront donc beau réclamer *Monte-Cristo*, il faudra qu'ils se contentent de l'*Assedio di Firenza*, de M. Azelio, et *dei Promessi Sposi*, de Manzoni.

Disons la façon dont se fit le *Comte de Monte-Cristo*, que l'on réimprime justement à cette heure.

En 1844, j'habitais Florence.

L'esprit des autres peuples est si peu en harmonie avec l'esprit français, que, partout où les Français se trouvent à l'étranger, ils se réunissent et font colonie.

Or, en 1841, la colonie française à Florence avait pour centre la charmante villa de Quarto, habitée par le prince Jérôme Bonaparte et par la princesse Mathilde, sa fille.

C'était chez eux que tout Français arrivant dans la ville des Médicis demandait à être présenté d'abord.

Cette formalité était remplie pour moi dès 1834, de sorte que, à mon second voyage à Florence, en 1840, je me trouvais déjà être, pour la famille exilée, une ancienne connaissance.

Le roi Jérôme me voua, dès cette époque, une amitié qu'il m'a conservée, j'espère, mais dont il peut dire que je n'abuse pas.

J'allais tous les jours chez lui à Quarto. Je ne crois pas avoir été deux fois chez lui depuis qu'il est au Palais-Royal.

Un jour, il me dit, — c'était au commencement de 1842, au moment où, à propos des affaires d'Égypte, on menaçait la France d'une coalition, — un jour, il me dit :

— Napoléon quitte le service du Wurtemberg et revient à Florence. Il ne veut pas, comme tu le comprends bien, être exposé à servir contre la France. Une fois qu'il sera ici, je te le recommande.

— Vous me le recommandez, à moi, sire ! Et à quoi puis-je lui être bon ?

— A lui apprendre la France, qu'il ne connaît

pas, et à faire avec lui quelques courses en Italie, si tu en as le temps.

— A-t-il vu l'île d'Elbe?

— Non.

— Eh bien, je le conduirai à l'île d'Elbe, si cela peut vous être agréable. Il est bon que le neveu de l'empereur termine son éducation par ce pèlerinage historique.

— Cela m'est agréable, et je retiens ta parole.

— Pardon, sire, mais comment voyagerons-nous?

— Je ne te comprends pas.

— Je ne suis pas assez riche pour voyager en prince, et suis trop fier pour voyager à la suite d'un prince.

— Oh! quant à cela, que ta susceptibilité ne s'effarouche pas. Napoléon mettra mille francs de sa bourse, tu mettras mille francs de la tienne ; je vous donnerai un valet de chambre avec cinq cents francs pour les frais de poste et de passage, et vous ne reviendrez que lorsqu'il n'y aura plus rien dans la bourse.

— Alors, comme cela, tout va bien.

Lorsque le prince Napoléon arriva, il trouva donc l'affaire tout arrangée entre son père et moi, et, comme il ne changea rien à ces arrangements, les premiers instants donnés à sa famille et à ses amis, il fut décidé que le moment était venu de mettre notre projet de voyage à exécution.

J'avais alors trente-neuf ans et le prince n'en avait que dix-neuf.

Je ne dis pas le bien que je pense de lui ; on le sait, je ne loue guère que les morts ou les exilés.

Nous partîmes pour Livourne dans la calèche de voyage du prince, notre valet de chambre partageant le siége avec le postillon.

Six ou huit heures après, nous étions à Livourne.

Comme Livourne est une des villes les plus ennuyeuses qu'il y ait au monde, à peine fûmes-nous à Livourne, que nous éprouvâmes le besoin de la quitter.

En conséquence, nous courûmes au port pour voir s'il y avait quelque bâtiment en partance pour Porto-Ferrajo.

Il n'y en avait aucun, et ce qui était bien pis, c'est que l'on ne pouvait pas nous dire quand il y en aurait.

Nous nous promenions donc à peu près désespérés sur le port de Livourne, lorsque, en passant en revue les petites barques à deux rameurs qui vont chercher les passagers à bord des paquebots, le prince s'écria :

— Voyez donc cette barque, Dumas.

— Qu'a-t-elle de particulier ?

— Son nom.
— Comment s'appelle-t-elle?
— *Le Duc-de-Reichstadt.*
— Ah! c'est bizarre.
— Oui, n'est-ce pas?
— Par ma foi, monseigneur, si le roi ne m'avait pas constitué votre mentor, je vous proposerais une fière folie.
— Laquelle?
— De nous en aller à Porto-Ferrajo dans cette barque.
— Parlez-vous sérieusement?
— On ne peut plus sérieusement; j'ai confiance dans la fortune de César.

Le prince était déjà dans la barque.

— Je vous laisse la responsabilité de la proposition et j'en risque les conséquences, dit-il.
— Cependant..., lui dis-je avec une certaine hésitation.
— Vous reculez?
— Soixante milles dans un bateau plat!
— Vous reculez?
— Et le canal de Piombino à traverser!
— Vous reculez?
— Ma foi, non! puisque j'y risque ma vie avec la vôtre, je suis bien tranquille. Si vous vous noyez, on ne me fera pas de reproches. Allons, va pour le *Duc-de-Reichstadt!*

Et je sautai à mon tour dans la barque.

Pendant que nous débattions le prix avec un des deux rameurs, l'autre allait chercher à l'hôtel nos malles et notre valet de chambre.

Je crois que le prix fut de huit paoli par jour : neuf francs, à peu près.

On ne pouvait pas aller au diable à meilleur marché.

Au reste, les matelots livournais ne doutent de rien ; lorsque nous leur demandâmes s'ils pouvaient nous conduire à l'île d'Elbe dans leur coquille de noix :

— En Afrique, si c'est le bon plaisir de Leurs Excellences, répondirent-ils.

Il n'en fut pas de même du valet de chambre, bon et honnête Allemand ; tant que nous fûmes dans le port, il ne fit aucune objection : il croyait que nous allions rejoindre quelque bâtiment à l'ancre.

Mais, une fois que nous eûmes dépassé le port, qu'il n'aperçut plus rien à l'horizon, qu'il vit nos deux matelots abattre leur tente en toile à matelas pour dresser un petit mât et à ce petit mât hisser une voile, le brave Teuton commença de s'inquiéter.

Cependant, comme il ne pouvait croire à leur témérité, il attendit encore quelques instants ; mais, au bout d'un quart d'heure, quand il n'y eut plus de doute pour lui, quand il reconnut que notre équipage mettait le cap sur l'île d'Elbe, il commença, en langue germanique, avec le prince, un dialogue dont je n'entendis pas une parole, mais que, grâce à l'éloquence de la pantomime, j'eusse pu traduire mot à mot.

Il était évident qu'il faisait à son maître de respectueux reproches sur son imprudence, et que le prince essayait de le rassurer.

Pendant ce temps-là, je tirais des oiseaux de mer.

Le prince Napoléon, qui trouvait cela plus amusant que de rassurer son valet de chambre, se mit de la partie.

Notre embarcation avait cela de commode que, lorsque nous avions tué une mouette ou un goëland, nous n'avions qu'à diriger la barque vers l'oiseau mort, étendre la main et le prendre.

Nous trouvâmes tant de plaisir à cette chasse, que nous ne fîmes aucune attention à un gros nuage venant de la Corse, lequel, furieux sans doute de notre distraction, signala tout à coup sa présence par des éclairs magnifiques et par un majestueux roulement de tonnerre.

— Mon cher Dumas, dit le prince, je crois qu'il ne manquera rien à la barque de César, pas même la tempête.

— Et nous aurons sur lui un avantage, monseigneur, c'est que nous sommes sur la mer, et que lui n'était que sur un fleuve.

Dix minutes après, notre voile était abattue, notre mât couché au fond de la barque, et nous dansions comme un bouchon de liége sur des vagues de quinze pieds de hauteur.

Le prince avait un grand avantage sur moi, il fumait et avait le mal de mer; deux préoccupations secondaires qui le distrayaient de la principale.

Moi qui n'ai point le mal de mer et qui ne fume pas, j'étais tout entier à la situation.

Nous fûmes en danger pendant près de trois heures.

Au bout de trois heures, le ciel s'éclaircit, le vent tomba, la mer fut calmée.

Nous étions trempés jusqu'aux os : des pieds aux genoux, par l'eau de la mer que nous avions embarquée; de la pointe des cheveux aux genoux, par l'eau du ciel que l'orage avait versée sur nous avec une prodigalité qui prouve que, lorsque le ciel donne, il donne de tout cœur.

La tempête nous avait rapprochés de la terre; rien ne nous était plus facile que d'y aborder, mais cette terre, c'étaient les Maremmes.

Il ne s'agissait point, après avoir failli mourir comme Léandre, d'aller mourir comme Pia de Tolomei.

Nos matelots demandèrent nos ordres.

— Cela regarde Son Altesse, répondis-je.

— A Porto-Ferrajo, dit le prince, comme il aurait dit à un cocher de place : « Aux Cascines. »

Le lendemain, à cinq heures, nous abordions à Porto-Ferrajo.

— Mais, me direz-vous, chers lecteurs, jusqu'à présent, le *Comte de Monte-Cristo* n'a pas grand chose à faire avec ce que vous nous racontez.

Patience, nous y arrivons.

Après avoir parcouru l'île d'Elbe en tout sens, nous résolûmes d'aller faire une partie de chasse à la Pianosa.

La Pianosa est une île plate, s'élevant à peine de dix pieds au-dessus du niveau de la mer. Elle abonde en lapins et en perdrix rouges.

Malheureusement, nous avions oublié d'emmener un chien !

Il est vrai que tout chien, un caniche excepté, se fût refusé à nous suivre sur un pareil bateau.

Un bonhomme, heureux possesseur d'un roquet blanc et noir, s'offrit à porter notre carnier, moyennant deux paoli, et à nous prêter son chien par-dessus le marché.

Le chien nous fit tuer une douzaine de perdrix que le maître porta consciencieusement.

A chaque perdrix que le bonhomme fourrait dans sa sacoche, il disait, en poussant un soupir et en jetant un coup d'œil sur un magnifique rocher en pain de sucre qui s'élevait à deux ou trois cents mètres au-dessus du niveau de la mer :

— Oh! Excellences, c'est, si vous alliez là-bas, que vous feriez une belle chasse!

— Qu'y a-t-il donc là-bas? lui demandai-je enfin.

— Des chèvres sauvages par bandes ; l'île en est pleine.

— Et comment s'appelle cette île bienheureuse?

— Elle s'appelle l'île de Monte-Cristo.

Ce fut la première fois et dans cette circonstance que le nom de Monte-Cristo résonna à mon oreille.

— Eh bien, dis-je au prince, si nous allions à l'île de Monte-Cristo, monseigneur?

— Va pour l'île de Monte-Cristo, dit le prince.

Le lendemain, nous partîmes pour l'île de Monte-Cristo.

Le temps était magnifique cette fois; nous avions juste ce qu'il fallait de vent pour aller à la voile, et cette voile, secondée par les rames de nos deux matelots, nous faisait faire trois lieues à l'heure.

A mesure que nous avancions, Monte-Cristo semblait sortir du sein de la mer et grandissait comme le géant Adamastor.

Je n'ai jamais vu plus beau manteau d'azur que celui que le soleil levant lui jeta sur les épaules.

A onze heures du matin, nous n'avions plus que

trois ou quatre coups de rames à donner pour aborder au centre d'un petit port.

Nous tenions déjà nos fusils à la main, prêts à sauter à terre, quand un des deux rameurs nous dit :

— Leurs Excellences savent que l'île de Monte-Cristo est en contumace.

— En contumace! demandai-je; qu'est-ce que cela veut dire?

— Cela veut dire que, comme l'île est déserte et que tous les bâtiments y abordent sans patente, à quelque port que nous rentrions après avoir abordé à Monte-Cristo, nous serons forcés de faire cinq ou six jours de quarantaine.

— Eh! monseigneur, que dites-vous de cela?

— Je dis que ce garçon a bien fait de nous prévenir avant que nous abordions, mais qu'il eût mieux fait encore de nous prévenir avant que nous partions.

— Monseigneur ne pense pas que cinq ou six chèvres, que nous ne tuerons peut-être pas, vaillent cinq ou six jours de quarantaine que nous ferons sûrement.

— Et vous?

— Moi, je n'aime pas les chèvres de passion, et j'ai la quarantaine en horreur; de sorte que, si monseigneur veut...

— Quoi?

— Nous ferons tout simplement le tour de l'île.
— Dans quel but?
— Pour relever sa position géographique; après quoi, nous retournerons à la Pianosa.
— Relevons la position géographique de l'île de Monte-Cristo, soit; mais à quoi cela nous servira-t-il?
— A donner, en mémoire de ce voyage que j'ai l'honneur d'accomplir avec vous, le titre de l'*Ile de Monte-Cristo* à quelque roman que j'écrirai plus tard.
— Faisons le tour de l'île de Monte-Cristo, dit le prince, et envoyez-moi le premier exemplaire de votre roman.

Le lendemain, nous étions de retour à la Pianosa; huit jours après, à Florence.

Vers 1843, rentré en France, je passai un traité avec MM. Béthune et Plon pour leur faire huit volumes intitulés : *Impressions de voyage dans Paris*.

J'avais d'abord cru faire la chose tout simplement en commençant par la barrière du Trône et en finissant par la barrière de l'Étoile, en touchant de la main droite la barrière de Clichy et de la main gauche la barrière du Maine, lorsqu'un matin Béthune vint me dire, en son nom et au nom de son associé, qu'il entendait avoir toute autre chose qu'une promenade historique et archéologique à travers la Lutèce de César et le Paris de Philippe-Auguste ; qu'il entendait avoir un roman dont le fond serait ce que je voudrais, pourvu que ce fond fût intéressant, et dont les *Impressions de voyage dans Paris* ne seraient que les détails.

Il avait la tête montée par le succès d'Eugène Sue.

Comme il m'était aussi égal de faire un roman que des impressions de voyage, je me mis à chercher une espèce d'intrigue pour le livre de MM. Béthune et Plon.

J'avais depuis longtemps fait une corne, dans la *Police dévoilée* de Peuchet, à une anecdote d'une vingtaine de pages, intitulée : *le Diamant et la Vengeance*.

Tel que cela était, c'était tout simplement idiot ; si l'on en doute, on peut le lire.

Il n'en est pas moins vrai qu'au fond de cette huître il y avait une perle ; perle informe, perle brute, perle sans valeur aucune, et qui attendait son lapidaire.

Je résolus d'appliquer aux *Impressions de voyage dans Paris* l'intrigue que je tirerais de cette anecdote.

Je me mis, en conséquence, à ce travail de tête qui précède toujours chez moi le travail matériel et définitif.

La première intrigue était celle-ci :

Un seigneur très-riche, habitant Rome et se nommant le comte de Monte-Cristo, rendrait un grand service à un jeune voyageur français, et, en échange de ce service, le prierait de lui servir de guide quand, à son tour, il visiterait Paris.

Cette visite à Paris, ou plutôt dans Paris, aurait pour apparence la curiosité ; pour réalité, la vengeance.

Dans ses courses à travers Paris, le comte de Monte-Cristo devait découvrir ses ennemis cachés, qui l'avaient condamné dans sa jeunesse à une captivité de dix ans.

Sa fortune devait lui fournir ses moyens de vengeance.

Je commençai l'ouvrage sur cette base, et j'en fis ainsi un volume et demi, à peu près.

Dans ce volume et demi étaient comprises toutes les aventures à Rome d'Albert de Morcerf et de Frantz d'Épinay, jusqu'à l'arrivée du comte de Monte-Cristo à Paris.

J'en étais là de mon travail, lorsque j'en parlai à Maquet, avec lequel j'avais déjà travaillé en collaboration.

Je lui racontai ce qu'il y avait déjà de fait et ce qui restait à faire.

— Je crois, me dit-il, que vous passez par-dessus la période la plus intéressante de la vie de votre héros, c'est-à-dire par-dessus ses amours avec la

Catalane, par-dessus la trahison de Danglars et de Fernand, et par-dessus les dix années de prison avec l'abbé Faria.

— Je raconterai tout cela, lui dis-je.

— Vous ne pourrez pas raconter quatre ou cinq volumes, et il y a quatre ou cinq volumes là dedans.

— Vous avez peut-être raison ; revenez donc dîner avec moi demain, nous causerons de cela.

Pendant la soirée, la nuit et la matinée, j'avais pensé à son observation, et elle m'avait paru tellement juste, qu'elle avait prévalu sur mon idée première.

Aussi, lorsque Maquet vint le lendemain, trouva-t-il l'ouvrage coupé en trois parties bien distinctes : Marseille, Rome, Paris.

Le même soir, nous fîmes ensemble le plan des cinq premiers volumes ; de ces cinq volumes, un devait être consacré à l'exposition, trois à la captivité, et les deux derniers à l'évasion et à la récompense de la famille Morel.

Le reste, sans être fini complétement, était à peu près débrouillé.

Maquet croyait m'avoir rendu simplement un service d'ami. Je tins à ce qu'il eût fait œuvre de collaborateur.

Voilà comment le *Comte de Monte-Cristo*, commencé par moi en impressions de voyage, tourna peu à peu au roman et se trouva fini en collaboration par Maquet et moi.

Et maintenant, libre à chacun de chercher au *Comte de Monte-Cristo* une autre source que celle que j'indique ici ; mais bien malin celui qui la trouvera.

LES PETITS CADEAUX DE MON AMI DELAPORTE.

———

Peut-être avez-vous entendu dire qu'il était arrivé au jardin des Plantes un hippopotame, deux lions, trois girafes, cinq antilopes et vingt singes.

Peut-être avez-vous lu quelque part qu'on venait de faire cadeau au Louvre d'un musée nigritien complet.

Alors, vous vous êtes promis d'aller voir cela au premier jour.

Eh bien, quand vous visiterez le musée installé

au Louvre; lorsque vous verrez l'hippopotame dans son baquet, les girafes dans leurs palissades, les antilopes dans leur enclos, et les singes dans leur palais, vous direz bien du musée : « C'est étrange ! » vous direz bien des animaux : « C'est curieux ! » mais le plus curieux, mais le plus étrange, vous l'ignorerez.

C'est la façon dont le donateur s'est procuré cette merveilleuse donation, c'est ce que lui a coûté de patience et de volonté le magnifique cadeau qu'il fait à l'État, cadeau dont la valeur est de plus de cent cinquante mille francs.

Je vais vous raconter cela, moi.

Le donateur est un de mes amis.

Vous savez que j'ai des amis dans les quatre parties du monde, et même dans la cinquième, depuis que le comte de C... est nommé consul en Océanie.

— Avez-vous lu mon voyage à Tunis ?

— Non.

— Je le regrette, parole d'honneur ! c'est une des choses les plus amusantes que j'aie écrites. Si vous l'eussiez lu, vous sauriez qu'au moment où nous arrivâmes à Tunis, M. Delaporte occupait le consulat de France.

Une de nos premières visites fut naturellement pour le consul.

C'était son jour d'audience.

Il était assis sur un trône comme bien peu de rois en ont un. Ce trône était fait de la peau de douze lions. Deux lions accroupis et empaillés, avec leurs yeux brillants, leurs griffes allongées comme des griffes de sphinx, servaient de bras au fauteuil.

Une magnifique juive, dans son costume oriental, était à genoux devant le consul, et lui présentait, toute rougissante, sa pantoufle retournée.

Pourquoi la juive rougissait-elle, et que signifiait cette pantoufle vue à l'envers?

J'ai si bien raconté cela dans le *Véloce*, et c'est si difficile à raconter, que je renverrai mes lecteurs, et surtout mes lectrices, au *Véloce*, où l'énigme leur sera expliquée.

Nous laissâmes Delaporte jouer son rôle de kadi, rôle que, malgré notre présence, il remplit le plus gravement du monde; puis, le dernier plaignant reconduit par les janissaires, nous fîmes trêve à la solennité arabe, et nous nous jetâmes dans les bras l'un de l'autre.

Dès le lendemain, Delaporte nous conduisit à ses fouilles; il faut toujours que Delaporte donne quelque chose au gouvernement: il était bien là pour fouiller, assis, comme Marius, sur les ruines de Carthage.

Aussi, à force de fouiller, était-il arrivé à heurter de sa pioche un morceau de marbre. Il ne savait pas encore bien précisément ce que c'était que ce bloc contre lequel l'acier avait feu. Était-ce un chapiteau, une vasque, une fontaine? Nous allions le savoir; car, depuis la veille, on avait dû déblayer les alentours de l'objet trouvé.

Nous traversâmes de toute la vitesse de nos chevaux les deux ou trois lieues qui séparent Tunis de Carthage. En moins de trois quarts d'heure, nous fûmes en face de l'excavation.

Comme l'avait prévu Delaporte, la besogne avait marché depuis la veille; et une tête colossale, portant six pieds du menton à la racine des cheveux, avait été mise à jour.

C'est la tête de Lucilla, fille de Marc-Aurèle, que l'on voit aujourd'hui dans la salle des antiques, près de la Vénus de Milo.

Après la révolution de février, Delaporte fut envoyé au Caire; là, il se mit en tête de découvrir ce que personne n'avait jamais découvert, — des manuscrits cophtes.

Il en envoya neuf à la bibliothèque.

Un jour, une discussion a lieu entre un chrétien et un marchand d'esclaves, à propos d'une femme du Bournou; Delaporte fait venir l'un et l'autre devant lui, et, pour les mettre d'accord, achète la femme et lui rend la liberté.

Puis, comme le marchand d'esclaves lui paraît intelligent, et, à tout prendre, assez honnête pour un marchand d'esclaves, il l'interroge sur ces pays fabuleux dans lesquels il pénètre pour exercer son commerce.

Commerce considérable! L'Égypte seule consomme, par an, à peu près vingt mille esclaves qu'on lui amène du Darfour, du Sennaar, de l'Abyssinie, de la Nubie, des bords du fleuve Blanc, des rives du Nil bleu, du pied des montagnes de la Lune.

Le marchand nomme cinq ou six provinces étagées du sixième au deuxième degré, dont les noms ne se trouvent pas même sur la carte immense que Delaporte déroule pour les y chercher.

— Vous chargeriez-vous, demande alors Delaporte au marchand d'esclaves, de m'acheter et de me rapporter une collection complète de tous les ustensiles de musique, de toilette, de guerre, de cuisine, de parure, de travail, que vous trouverez chez ces peuples dont les noms sont oubliés par les géographes, depuis les aiguilles à coudre jusqu'aux lances et aux boucliers; depuis la natte sur laquelle couche le roi jusqu'à la gamelle dans laquelle mange le soldat?

— C'est difficile, dit le marchand d'esclaves en secouant la tête.

— Ce n'est pas impossible?

— Non; avec l'aide du Prophète, rien n'est impossible; mais...

— Mais quoi?

— Mais cela coûtera cher!

— Qu'importe! dites-moi la somme qu'il vous faut.

— Ce n'est ni de l'or ni de l'argent qu'il me faut; ces peuples-là ne savent pas ce que c'est qu'un para.

— Que vous faut-il?

— De la verroterie de Venise et des coquillages de la mer Rouge.

— Combien de quintaux?

— Cent.

— Venez avec moi.

Et Delaporte sort avec son marchand d'esclaves, le conduit au Mouski, y achète cent quintaux de verroteries et de coquillages, y ajoute cinq ou six pains de sel, — denrée si précieuse, que, dans l'intérieur de l'Afrique, on échange le sel, à poids égal, contre de la poudre d'or, — puis il souhaite à son homme un bon voyage.

L'homme part, et reste trois ans absent, de 1849 à 1851.

Delaporte l'attend avec patience la première année, avec une certaine inquiétude la seconde, mais ne comptant plus sur lui la troisième.

Un matin, un homme se présente au consulat de France.

— Que veux-tu? lui demande Delaporte.

— C'est moi.

— Qui, toi ?

— Moi, le marchand d'esclaves.

— Ah ! ah !... Et ma collection ?

— Elle est à Boulak ; venez avec moi jusqu'à Boulak, et vous la verrez.

On monte à âne, et l'on se rend à Boulak, qui est à un quart de lieue du Caire.

Le marchand d'esclaves montre alors au consul une cangue immense chargée à couler à fond.

C'était la collection nigritienne, — complète, je vous en réponds.

Tout y était, depuis l'aiguille jusqu'à la lance et au bouclier de guerre ; depuis ces bracelets étranges que l'on met aux fiancées, pour qu'elles ne puissent point plier les bras, et, par conséquent, s'opposer aux désirs de leurs maris, jusqu'aux tambours gros comme une futaille et qui font toute une gamme descendante ou ascendante, selon que l'on va du gros au petit, ou que l'on revient du petit au gros.

Quand vous verrez cela, vous serez émerveillés de l'intelligence de ce bon marchand d'esclaves ; il n'a rien oublié, pas plus le lézard de quatre pieds de long, dont la peau argentée sert d'ornement à l'arc des chefs, que la lyre d'Orphée, faite d'une écaille de tortue et de quatre cordes ; il a apporté des échantillons de tout, de flèches barbelées, de colliers, de pagnes de femmes, de pagnes d'hommes, de masses d'armes dont la forme est copiée sur les masses d'armes des croisés, de haches d'armes qu'on croirait prises aux habitants des îles Sandwich ; les pipes sont représentées dans sa collection avec une multiplicité et une bizarrerie de forme qui réjouirait bien ce peintre de la *Vie de Bohême* qui n'a que deux pipes, l'une pour fumer entre amis, l'autre pour aller dans le monde. Voulez-vous des flûtes, il y en a ; des conques, des trompes, des trompettes, il y en a ; des poignards à passer au bras, des sabres recourbés pour trancher les têtes, des poignards à formes terribles pour émasculer, il y en a ; voulez-vous des gourdes à eau-de-vie, des défenses d'éléphant, des dents d'hippopotame, des cornes de rhinocéros, de la poudre d'or, il y en a !

Puisque je vous dis qu'il y a de tout.

Mais, en interrogeant son marchand sur ce qu'il a vu, sur ce qu'il a fait, sur les causes de son retard, qu'apprend Delaporte ?

Il apprend que quatre pêcheurs sont partis depuis trois ans des bords du Nil blanc, à soixante lieues à peu près de l'endroit où le dieu de l'Égypte bifurque, remontant au sud vers les montagnes de la Lune, sous le nom de Nil bleu, faisant un coude à droite et s'enfonçant dans l'intérieur de l'Afrique sous le nom de Bar-el-Abiad.

Que font là ces quatre pêcheurs embusqués depuis trois ans, par ordre d'Abbas-Pacha?

Ils attendent qu'une femelle d'hippopotame mette bas, afin de lui prendre son petit.

— Plaît-il?

Je répète : ils attendent, par ordre d'Abbas-Pacha, qu'une femelle d'hippopotame mette bas, afin de lui prendre son petit.

Hélas! les hippopotames, si communs du temps de César, d'Auguste ou de Néron, sont devenus fort rares de nos jours. — Il en est d'eux comme des baleines : on les rencontrait autrefois si nombreuses au banc de Terre-Neuve, que le pilote craignait presque autant leur archipel vivant qu'un archipel de rochers, et aujourd'hui, pour en rejoindre quelqu'une, il faut la poursuivre jusque dans les mers polaires.

Qui a rendu si rares les hippopotames? L'emploi de leurs défenses pour faire de fausses dents peut-être. On sait que l'ivoire de l'hippopotame reste éternellement blanc.

Que voulait faire Abbas-Pacha de ce jeune hippopotame?

L'Angleterre, cette rivale de la France, qui a sur la France toutes sortes de supériorités, avait encore celle-là, de posséder un hippopotame mâle.

L'Angleterre voulait, en outre, avoir un hippopotame femelle.

Elle s'était adressée à Abbas-Pacha, qui, n'ayant rien à refuser à l'Angleterre, avait placé quatre pêcheurs sur les bords du Nil blanc, pour lui pêcher le premier hippopotame qu'une mère mettrait bas sur un des nombreux îlots du fleuve.

Quant à prendre vivant un hippopotame adulte, il n'y faut pas penser.

Les hippopotames meurent et ne se rendent pas.

Ce récit fit naître une idée dans l'esprit de Delaporte : c'était de joindre une ménagerie à son musée.

Il s'adressa à qui de droit, et commanda deux lions, trois ou quatre girafes, cinq ou six antilopes et autant de singes que l'on en pourrait trouver.

Mais, me demanderez vous, comment prend-on les lions ? comment prend-on les girafes ? comment prend-on les antilopes ? enfin, comment prend-on les singes ?

Les singes surtout ! Si les singes se laissent prendre, que devient le vieux proverbe : « Malin comme un singe ? »

Je vais vous dire cela.

Quand on reconnaît les traces d'un lion, on prépare une trappe de dix à quinze pieds de profondeur, on la recouvre de branches, on tue une chèvre, et l'on place au centre de la surface trompeuse le cadavre de l'animal.

Le lion, qui est trop fier pour craindre un piége, arrive les narines au vent, s'arrête à quinze pas de la chèvre, bat ses flancs de sa queue, passe sa langue sur ses lèvres, pousse un rauquement de joie et s'élance sur l'appât qui lui est offert.

Le plancher en branchages manque sous lui et il tombe au fond de la fosse.

Le premier et le second jour, il est assez inquiet pour ne point songer à manger; le second ou le troisième, la faim le presse et il mange la chèvre.

On le laisse quatre autres jours dans la fosse; pendant ces quatre jours, il a tout le temps de digérer son premier repas; le cinquième, il enrage la faim.

Alors, on descend dans la fosse une grande cage en bois et fer, dont la porte est ouverte, grâce à une bascule; au fond de la cage est un quartier de viande fraîche.

Le lion n'hésite pas; il entre dans la cage.

Derrière lui, la porte se referme. Le lion est pris.

Vous le voyez, c'est bien simple.

Quant aux girafes, dans certaines provinces du centre de l'Afrique, elles sont très-communes et vont par bandes; on les poursuit avec des dromadaires. Les grandes échappent à cette poursuite; mais, au bout d'une vingtaine de lieues, les petites sont forcées.

On les prend, on a toutes sortes de tendresses

pour elles, et, en moins de huit jours, elles sont apprivoisées.

Quant aux antilopes, ce sont des animaux dont l'intelligence est médiocrement développée ; j'en suis fâché pour les beaux yeux auxquels certains poëtes comparent les yeux de leurs maîtresses ; mais il y a un proverbe arabe qui dit : « Bête comme une antilope. »

Les antilopes se laissent donc prendre de mille façons différentes, mais plus communément aux lacets.

— Oui ; mais les singes ?

Ah ! les singes, nous y voilà.

Être bête n'est qu'un défaut ; être gourmand est un vice.

Les singes sont gourmands, et, malgré tout leur esprit, cette gourmandise cause leur perte.

Ils sont surtout ivrognes.

Que voulez-vous ! ils ressemblent tant à l'homme ! Les hommes seraient le seul animal qui fût ivrogne, si le singe ne l'était pas.

Le singe aime une certaine bière fermentée qui se fait dans le Darfour et le Sennaar.

On met des moitiés de calebasses pleines de cette bière dans tous les endroits qu'on sait fréquentés par les singes.

Dès qu'un singe a goûté à cette bière, il jette un cri de joie qui fait accourir ses camarades.

Alors, toute la société se lance dans l'orgie et se grise à qui mieux mieux. Quand les singes sont ivres, les nègres paraissent.

Les buveurs ne se défient pas d'eux; ils voient trouble et les prennent pour des singes d'une plus grande espèce; si bien que les nègres n'ont que la peine de les rapporter ou de les ramener.

S'ils les rapportent, les singes les serrent dans leurs bras, tout en pleurant et en les couvrant de baisers. Ils ont le vin tendre.

S'ils les ramènent, ils en tiennent un par la main; le singe, de son côté, tient son camarade; le camarade en tient un troisième; le troisième, un quatrième, et ainsi de suite; sentant le besoin qu'ils ont de l'appui l'un de l'autre, ils ne se quittent pas et marchent titubants, comme des satyres.

Il n'est pas rare de voir ainsi un nègre ramener dix ou douze singes, comme on voit chez nous un professeur conduire dix ou douze élèves.

Arrivés à leur destination, on les met dans des cages où ils se dégrisent peu à peu; on a soin de leur donner chaque jour une portion de bière moins considérable que celle de la veille, afin de les habituer tout doucement à la captivité.

Le jour où on ne leur donne plus que de l'eau, ce jour-là, ils s'aperçoivent qu'ils sont prisonniers.

Six mois après la commande faite, Delaporte avait ses deux lions, ses trois girafes, — dont une pleine, — ses cinq antilopes et ses vingt singes.

La ménagerie était complète, sauf l'hippopotame.

Or, Delaporte avait juré qu'il aurait son hippopotame.

Il ne vous viendrait point à vous, n'est-ce pas, chers lecteurs, l'idée de faire un pareil serment?

Vous auriez tort : un hippopotame vaut cent mille francs comme un liard.

Il est vrai que, si, au lieu de ses cinq mille livres de rente sur le grand-livre, on rendait à un petit capitaliste du Marais un hippopotame, sous le prétexte que c'est le capital de sa rente, il se trouverait fort empêché, et crierait au vol.

Mais, lorsqu'on est consul au Caire, on sait la véritable valeur d'un hippopotame.

De même qu'Abbas-Pacha avait placé des pêcheurs sur le Nil blanc pour guetter l'hippopotame qu'ambitionnait l'Angleterre, Delaporte entretenait à Boulak deux nègres qui n'avaient pas d'autre mission que de guetter les pêcheurs d'Abbas-Pacha.

Un jour, l'un des deux nègres arriva tout essoufflé au consulat.

— Eh bien? demanda Delaporte.

— Eh bien, l'hippopotame est arrivé.

Delaporte prit son chapeau et courut à Boulak.

— Est-ce un mâle ou une femelle? demanda-t-il aux pêcheurs.

— C'est un mâle, répondirent ceux-ci.

Delaporte se mit à rire de ce rire tout parisien que n'ont jamais compris les Arabes.

— Ne faites pas attention, dit-il, je suis content.

— De quoi es-tu content? demandèrent les Arabes.

— Je suis content que ce soit un mâle.

L'Angleterre avait demandé une femelle.

Delaporte les interrogea pour savoir de quelle façon ils avaient pu se procurer l'animal.

Un jour, ils avaient vu une femelle d'hippopotame, visiblement pleine, sortir de l'eau et monter sur un des îlots du fleuve Blanc.

Arrivée sur l'îlot, elle s'était couchée et y avait mis au jour un petit.

Puis, immédiatement, elle avait plongé dans le fleuve, selon toute probabilité, pour y faire ses ablutions.

Alors, sans perdre un seul instant, ils étaient sortis de leurs roseaux, s'étaient élancés dans leur barque, et avaient ramé vers l'îlot.

Là, sans autre résistance de la part du petit hippopotame, que la lourdeur et l'inertie de sa masse, ils l'avaient porté dans leur barque, et avaient ramé vers le bord le plus lestement qu'il leur avait été possible.

Mais, si lestement qu'ils ramassent, ils n'avaient point tardé à entendre derrière eux le souffle terrible du père et de la mère.

Dans le sillage de la barque nageaient les deux hippopotames, à la distance de cinquante pas, à peu près, comme les Curiaces, sur la même ligne, et avec des intentions d'une hostilité patente.

La mère ouvrait une gueule à avaler un bœuf ordinaire, et faisait claquer ses mâchoires d'une façon effrayante.

L'animal gagnait visiblement sur la barque, et, quoique la barque n'eût plus qu'une trentaine de pas à faire pour toucher le rivage, il était probable qu'elle aurait affaire à la mère avant d'atteindre le bord.

— Débarrassons-nous d'abord de la mère, dit un des pêcheurs.

Et la barque s'arrêta court.

Le pêcheur qui avait parlé quitta la rame, prit son arc, y appliqua une flèche empoisonnée, et attendit.

— Attention, vous autres ! dit-il.

Les trois autres rameurs tenaient leurs rames levées et prêtes à fouetter l'eau.

L'hippopotame avançait avec rapidité.

L'archer se tenait à la poupe du batelet; l'archer lança la flèche, et jeta un cri.

Il y a deux endroits où l'hippopotame est vulnérable : entre les deux yeux et au cou.

La flèche pénétra entre les deux yeux.

Le cri était un signal pour les rameurs.

Au cri poussé, les trois rames fouettèrent l'eau avec vigueur; la barque se trouva à vingt pieds de l'animal.

Celui-ci avait fait quelques pas encore à la poursuite de ses ennemis; mais, tout à coup, le poison, ce poison terrible, intantané comme la brucine ou l'acide prussique, tout à coup le poison avait fait son effet.

L'hippopotame avait battu l'eau de ses lourdes pattes, avait commencé de tourner sur lui-même, puis avait disparu comme dans un gouffre, au milieu du tourbillon qu'avait fait son agonie.

Pendant ce temps, la barque avait gagné la terre.

Mais, une minute après les pêcheurs, l'hippopotame mâle avait abordé.

La mort de sa femelle ne l'avait pas fait renoncer à sa poursuite.

Le même pêcheur qui avait déjà frappé la femelle d'une flèche, prit une de ces lances de douze pieds de long, que vous verrez, chers lecteurs, quand le musée nigritien sera ouvert et livré à votre curiosité, lances au fer acéré et empoisonné comme celui de la flèche, et se coucha à terre sur la route de l'hippopotame, présentant le fer de la lance comme un épieu.

Cette fois, le fer de la lance était dirigé contre la gorge de l'animal.

Si le chasseur manquait cette gorge, il était immédiatement écrasé sous les pieds de l'énorme pachyderme.

Le fer, long de deux pieds, s'enfonça tout entier dans la gorge de l'animal.

Le chasseur fit un bon de côté qui le jeta hors de la ligne suivie par le monstre, qui passa, emporté par sa course, sur l'endroit même où le chasseur était couché une demi-seconde auparavant.

Le chasseur se releva comme par un ressort, et se hâta de mettre une vingtaine de pas entre lui et son ennemi.

L'hippopotame s'arrêta stupéfait de douleur.

Puis il essaya de se retourner contre son antagoniste; mais déjà le poison agissait.

Il poussa un beuglement terrible, fit voler le sable et les pierres sous ses pieds, comme la femelle avait fait voler l'eau; puis il tomba lourdement, fit deux ou trois tours sur lui-même, étira ses énormes membres, poussa un dernier râlement, et mourut.

Seulement alors, les pêcheurs furent véritablement maîtres du petit.

Par malheur, c'était un mâle!

Ils n'en résolurent pas moins de le conduire à Abbas-Pacha, se faisant ce raisonnement, que, puisqu'il voulait absolument avoir un hippopotame, mieux valait encore lui porter un hippopotame mâle que de ne pas lui en porter du tout.

Maintenant que je vous ai dit comment Delaporte s'était procuré l'hippopotame, les deux lions, les trois girafes, les cinq antilopes et les vingt singes qu'il a donnés au jardin des Plantes, je vais vous dire, comment il s'est procuré, quatre magnifiques serpents dont il a enrichi le musée de Marseille.

Il y a au Caire, comme dans l'Inde, ce que l'on appelle des charmeurs de serpents; je crois vous en avoir déjà parlé quelque part : ce sont des hommes qui se promènent dans les rues du Caire avec des boîtes, des sacs ou des paniers contenant des reptiles de toute espèce; lorsqu'ils croient l'endroit favorable à donner une représentation, ils s'asseyent à terre, se mettent à frapper à deux ou trois sur des tambours qui rendent une note monotone; un troisième ou un quatrième remplit sa bouche d'une herbe qui sent la menthe, et envoie des bouffées d'haleine parfumée dans toutes les directions.

Cette double préparation faite, on ouvre sacs,

boîtes ou paniers ; les serpents se secouent, sifflent, se dressent, et se mettent à danser, en prenant pour appui le dernier tiers de leur corps, une espèce de gigue qui ravit les descendants des Pharaons au Caire et des Ptolémées à Alexandrie.

Les charmeurs vont, en outre, dans les maisons, regardant, flairant, furetant, et annonçant aux propriétaires des susdites maisons, avec une inquiétude toute philanthropique, qu'ils ont chez eux des serpents.

En général, le voisinage des animaux rampants est peu apprécié. Les femmes qui se sont amusées à jouer avec eux, à commencer par Ève et à finir par Cléopâtre, ont été assez mal récompensées de leur familiarité; il en résulte que, quand un charmeur de serpents en réputation a déclaré qu'une maison est hantée par un ou plusieurs de ces reptiles, d'habitude on le fait venir, et on lui donne pour chaque serpent plus ou moins gros, — on sait qu'en fait de serpents les plus petits sont parfois les plus dangereux, — et on lui donne pour chaque serpent une vingtaine de piastres, c'est-à-dire cent sous, plus l'animal lui-même, qui, à partir de ce moment, entre dans le sac du charmeur, et fait partie de son corps de ballet.

Plusieurs fois, le doyen des charmeurs de serpents du Caire, nommé Abd-el-Kerim, c'est-à-dire *l'esclave de celui qui donne*, avait tourné autour du consulat, flairant portes et fenêtres, et secouant la tête d'un air qui n'avait rien de rassurant pour les hôtes de la légation française.

Des bruits sinistres revinrent de plusieurs côtés à Delaporte; le bruit courait que le consulat était infesté de serpents.

Delaporte avait, dans ses investigations, trouvé pas mal de mille-pieds, un certain nombre de scorpions, mais pas le plus petit aspic ; aussi doutait-il fort de la perspicacité des charmeurs de serpents. Cependant, cédant aux instances de ses amis, qui frémissaient des dangers qu'il pouvait courir à partager un logement avec de pareils hôtes, il se décida à faire venir Abd-el-Kerim.

Abd-el-Kerim se rendit à l'invitation du consul franc, lequel, grâce à l'habitude qu'il a de la langue arabe, put dialoguer avec le charmeur de serpents, sans avoir besoin de recourir à un interprète.

Abd-el-Kerim représentait ou plutôt représente encore, — car, malgré le métier dangereux qu'il exerce, il est plein de vie, — Abd-el-Kerim représentait le vrai type arabe.

C'était un homme de cinquante à soixante ans, portant le turban vert des descendants d'Ali, vêtu d'une grande chemise noire, serrée autour du corps par une ceinture de corde de poil de chameau.

Il avait l'air grave qui convenait à l'état qu'il exerce.

Il salua Delaporte en croisant ses deux mains sur sa poitrine et en s'inclinant devant lui, puis attendit qu'on l'interrogeât.

— Je t'ai fait venir, lui dit Delaporte, parce que l'on prétend qu'il y a ici, dans le consulat, force serpents.

L'Arabe prit le vent, flaira à plusieurs reprises, puis gravement :

— Il y en a, dit-il.

— Ah! il y en a?

— Oui.

Et le charmeur flaira une seconde fois.

— Il y en a même beaucoup, ajouta-t-il; six, au moins.

— Diable! fit Delaporte. Et tu te charges de les détruire?

— Je les appellerai et ils viendront.

— Je voudrais bien voir cela.

— Tu vas le voir.

Ceci se passait dans la chambre à coucher de Delaporte.

Abd-el-Kerim sortit et alla quérir ses compagnons restés dans l'antichambre.

Trois hommes entrèrent derrière lui, s'assirent en cercle, mirent leur tambourin entre leurs jambes, emplirent leur bouche d'herbes odoriférantes, et, tout en criant : « Allah ! Allah ! Allah ! » se mirent à lancer des bouffées d'haleine parfumée.

Pendant ce temps, Abd-el-Kerim faisait entendre un certain sifflement qui avait pour but de se mettre en rapport avec les reptiles.

La chose dura trois ou quatre minutes, à peu près, sans aucun résultat visible ; mais, au bout de ce temps, Delaporte vit descendre le long des murailles et sortir de dessous les meubles une vingtaine de scorpions qui, obéissant à l'appel d'Abd-el-Kerim, venaient à lui de tous les coins de la chambre.

Cette étrange procession commença d'ébranler Delaporte dans son incrédulité ; il y en avait qui descendaient le long de la muraille, d'autres le long de la moustiquaire, d'autres, enfin, le long des rideaux de la fenêtre ; c'était à frémir d'avoir couché dans une pareille chambre.

Tous les scorpions vinrent à Abd-el-Kerim comme les moutons viennent au berger. Abd-el-Kerim les ramassa à pleines mains et les mit dans un sac de peau de bouc.

— Vois-tu ? demanda-t-il à Delaporte.

— Certainement, je vois... je vois des scorpions, et même beaucoup ; mais je ne vois pas de serpents.

— Tu vas en voir, répondit Abd-el-Kerim.

Et il se mit à siffler un autre air, tandis que ses

compagnons redoublaient leurs bouffées d'air et criaient désespérément : « Allah ! Allah ! Allah ! »

En effet, au grand étonnement de Delaporte, un sifflement à peu près pareil à ceux d'Abd-el-Kerim se fit entendre dans l'alcôve, et, de dessous son lit, il vit sortir un serpent de quatre pieds de long qui, la tête haute et déroulant ses anneaux verts et jaunes, s'avança vers Abd-el-Kerim.

Delaporte reconnut parfaitement l'espèce : c'était un de ces reptiles à la morsure mortelle, que les Arabes appellent *tabouc*, et les Espagnols *cobra-capello*.

Abd-el-Kerim le prit sans façon par le cou et s'apprêtait à le fourrer dans sa peau de bouc, quand Delaporte réclama :

— Un instant ! dit-il.

— Quoi ? demanda Abd-el-Kerim.

— Ce serpent était bien chez moi ?

— Tu l'as vu.

— Or, tout ce qui est chez moi m'appartient ; fais-moi donc le plaisir, au lieu de mettre le serpent dans ton sac de peau de bouc, de le mettre dans ce bocal.

Et Delaporte présentait à Abd-el-Kerim un bocal plein d'esprit-de-vin qui attendait dans une armoire quelques-uns de ces curieux poissons du Nil que, de temps en temps, des fellahs pêcheurs lui apportent.

— Mais..., dit Abd-el-Kerim.

— Il n'y a pas de *mais*, dit Delaporte; le serpent était chez moi, donc il est à moi; en outre, je le paye trente piastres. Prends garde! si tu fais des difficultés pour me le laisser, je dirai qu'il n'était là que parce que tu l'y avais mis d'avance, et qu'il n'est venu que parce qu'il est apprivoisé.

Abd-el-Kerim cessa toute résistance et fit glisser le serpent de ses mains dans le bocal.

Delaporte tenait tout prêt le bouchon et une ficelle; le bouchon fut assujetti sur le bocal, et le serpent, malgré ses bonds et ses sifflements, fut contraint de demeurer dans son nouveau domicile.

— Y en a-t-il encore? demanda Delaporte.

— Oui, dit Abd-el-Kerim, qui ne voulait pas avoir la honte de s'avouer vaincu.

Et les bouffées d'air, et les cris d'*Allah*, et le sifflement recommencèrent.

Un second serpent, moins gros toutefois que le premier, sortit de dessous la commode et se dirigea vers Abd-el-Kerim.

Delaporte prit un second bocal.

— Bon! dit-il, cela me fera la paire.

Abd-el-Kerim fit la grimace; mais il était pris, force lui fut d'abandonner le second serpent comme il avait fait du premier.

La cérémonie de l'introduction du cobra-capello dans le bocal achevée :

— Y en a-t-il encore ? demanda Delaporte.
— Non, pas ici.
— Où en sens-tu ?

Le charmeur de serpents se tourna du côté de la pièce voisine.

— J'en sens un là, dit-il.

C'était dans le salon.

— Allons-y, alors, dit Delaporte.

Et il prit un bocal sous chaque bras, en mit deux autres sous les bras de son nègre et passa au salon.

Il y en avait un effectivement ; celui-là était probablement un serpent musicien, car il s'était réfugié sous le piano.

Malgré la répugnance visible d'Abd-el-Kerim à s'en emparer, un instant après il était dans le bocal.

— Là ! Maintenant, demanda Delaporte, où en reste-t-il encore ?

— Il y en a encore trois dans la cuisine, répondit tristement Abd-el-Kerim.

— Bon ! dit Delaporte, cela me fera la demi-douzaine. Allons à la cuisine.

Au premier appel, un serpent sortit de dessous la fontaine.

Abd-el-Kerim le mit dans un quatrième bocal en roulant des yeux désespérés.

— Allons, allons, du courage ; il me faut ma demi-douzaine.

— *Enta tafessed el senaa!* s'écria Abd-el-Kerim.

Ce qui, traduit en français, veut dire, mot pour mot : « Décidément, tu es un gâte-métier ! »

Le charmeur de serpents s'avouait vaincu, et, pour sauver les deux derniers, consentait à se perdre de réputation aux yeux du consul français.

Delaporte eut pitié du bonhomme et lui donna quarante francs.

Abd-el-Kerim les mit dans sa poche, mais en murmurant :

— Quatre serpents qui dansaient si bien ! cela valait mieux que huit talaris !

Delaporte, pour le consoler, lui promit le secret.

Vous voyez comme il le lui a gardé.

UN VOYAGE A LA LUNE.

———

J'ai souvent, dans mes *Mémoires* et même ailleurs, parlé d'un garde de mon père avec lequel j'ai fait mes premières armes.

Ce garde s'appelait Mocquet.

C'était un brave homme fort crédule. Il ne fallait pas discuter avec lui sur les légendes de la forêt de Villers-Cotterets. — Il avait vu la dame blanche de la Tour-au-Mont, il avait porté sur ses épaules le mouton fantastique de la Butte-aux-Chèvres, et l'on a vu que c'était lui qui m'avait raconté l'histoire de *Thibault le meneur de loups*, que tout récemment j'ai mis sous les yeux de mes lecteurs.

Dans les derniers temps où mon père, déjà gravement malade du mal dont il mourut, habita le petit château des Fossés, Mocquet fut atteint d'une étrange hallucination.

Il se figurait qu'une vieille femme d'Haramont — petit village distant des Fossés d'une demi-lieue — le *cauchemardait*.

Je ne sais pas si le verbe *cauchemarder* existe dans le dictionnaire de Boiste, de l'Académie ou de Napoléon Landais; mais, s'il n'existe pas, Mocquet l'avait créé.

Mocquet, cette fois, avait eu raison; puisque le substantif *cauchemar* existe, pourquoi le verbe *cauchemarder* n'existerait-il pas?

Mocquet était donc cauchemardé par une vieille femme nommée la mère Durand.

Selon Mocquet, à peine était-il endormi, que la vieille femme venait s'asseoir sur sa poitrine, et, pesant de plus en plus sur lui, l'étouffait.

Alors commençait pour lui, avec toute la force et toutes les émotions de la réalité, une série d'événements s'enchaînant les uns aux autres avec une certaine logique qui démoralisait Mocquet, tant il était convaincu, en se réveillant, que ce qu'il venait de rêver n'était pas le moins du monde un rêve.

Sa conviction sous ce rapport était telle, que je vis plus d'une fois les auditeurs ébranlés, et que moi, enfant, je ne doutais aucunement pour mon compte que Mocquet ne vînt effectivement des pays d'où il disait venir.

A la suite de ces rêves, Mocquet, d'ordinaire, se réveillait haletant, pâle, brisé; c'était à faire peine de voir le pauvre diable employant tous les moyens connus de ne pas dormir, tant il craignait le sommeil, suppliant les voisins de venir jouer aux cartes avec lui, disant à sa femme de le pincer au bleu dès qu'il fermerait les yeux, et buvant, pour se fouetter le sang, du café comme un autre aurait bu de la bière.

Mais rien n'y faisait : les voisins de Mocquet, qui avaient à se lever le lendemain au jour, ne poussaient guère la partie de piquet au delà d'onze heures. Sa femme, après l'avoir pincé jusqu'à une heure du matin, finissait par s'endormir. Enfin, le café, qui d'abord avait produit un effet satisfaisant, cessait peu à peu d'agir, et était, pour le malheureux Mocquet, rentré dans la classe des boissons ordinaires.

Mocquet luttait alors de son mieux : il marchait, il chantait, il nettoyait son fusil; mais, peu à peu, les jambes lui refusaient le service, la voix s'éteignait entre ses lèvres et la batterie de son arme lui tombait des mains.

Tout cela ne s'opérait point sans que Mocquet, dans la prévision de ce qui allait se passer, poussât des plaintes amères; mais ces plaintes dégénéraient en une espèce de râle qui indiquait que le cauchemar commençait et que la sorcière, qui chevauchait le pauvre garde en guise de balai, était à son poste.

C'était alors que le dormeur perdait toute idée du temps, de l'espace et de la durée, selon que son rêve avait plus ou moins traîné en longueur. Il soutenait qu'il avait dormi douze heures, huit jours, un mois, et les objets qu'il avait vus, les localités qu'il avait parcourues, les actes qu'il avait accomplis dans son hallucination restaient tellement présents à sa mémoire, que, quelque chose que l'on pût lui dire, quelque preuve qu'on essayât de lui donner, rien ne pouvait ébranler cette conviction dont j'ai déjà parlé.

Un jour, il arriva dans la chambre de mon père, si haletant, si pâle, si brisé, que mon père vit bien qu'il devait lui être arrivé, non pas en réalité, — la réalité était devenue chose à peu près indifférente à Mocquet, — mais en rêve quelque chose de formidable.

En effet, interrogé, Mocquet répondit qu'il tombait de la lune.

Mon père parut mettre la chose en doute. Mocquet la soutint, et, comme ses affirmations ne paraissaient pas faire grande impression sur l'esprit de mon père, Mocquet lui raconta son rêve tout entier.

J'étais dans un coin, j'entendis tout, et, comme j'ai toujours été grand ami du merveilleux, je ne perdis pas un mot du récit fantastique que l'on va lire, et qui est contemporain — sinon rival — des poétiques et fiévreux récits d'Hoffmann.

— Vous vous rappelez bien, général, dit Mocquet, qu'il y a sept ou huit jours vous m'avez envoyé porter une lettre au général Charpentier, à Oigny.

Mon père interrompit Mocquet.

— Tu te trompes, Mocquet, lui dit-il ; c'était hier.

— Général, je sais ce que je dis, continua Mocquet.

— Mais, pardieu ! moi aussi, dit mon père ; et la preuve, c'est que c'était hier dimanche et que nous sommes aujourd'hui lundi.

— C'était hier dimanche et c'est aujourd'hui lundi, insista Mocquet ; seulement, ce n'est pas hier, mais il y a eu dimanche huit jours que vous m'avez envoyé à Oigny.

Mon père savait qu'en pareille circonstance il était inutile de discuter avec Mocquet.

— Soit, dit-il, supposons qu'il y ait huit jours.

— Il n'y a pas à supposer, général ; j'ai mis

huit jours à faire le voyage que je viens de faire, et vous verrez que ce n'était pas trop de huit jours et que j'ai eu le temps bien juste.

— En effet, si tu as été à la lune, Mocquet.

— J'y ai été général, aussi vrai qu'il n'y a qu'un Dieu au ciel.

— Eh bien, conte nous cela, Mocquet; ce doit être un voyage fort intéressant.

— Ah! je crois bien! vous allez voir. Il faut donc vous dire, général, que le hasard a fait qu'il y a eu dimanche huit jours, le père Berthelin se remariait en secondes noces. Il me rencontre juste comme il sortait de l'église, et il me dit:

« — Ma foi! je ne t'aurais pas dérangé pour si peu, mais, puisque te voilà, tu dîneras avec nous au port aux Perches.

» — Je ne demande pas mieux, répondis-je, le général m'a donné congé jusqu'à demain, et, pourvu que demain à neuf heures je sois de retour, je suis libre de mon temps jusque-là.

» — Bon! tu sais ton chemin, n'est-ce pas?

» — Je crois bien.

» — On te renverra à minuit, et, avant le jour, tu seras aux Fossés.

» — Alors, lui dis-je, cela va bien. »

Et je pris le bras de la grosse Berchu, qui n'avait pas de cavalier, et me voilà de la noce.

C'était le père Tellier, de Corcy, qui avait fait le

repas; le général Charpentier avait envoyé cinquante bouteilles de vin cacheté; Tellier en avait apporté cinquante. Nous étions vingt-cinq convives, dont sept femmes; en mettant une bouteille de vin par femme, c'était donc quelque chose comme quatre ou cinq bouteilles par homme; c'était plus que raisonnable. Je disais bien à Berthelin :

« — Cinquante bouteilles pour vingt-cinq, Berthelin, crois-moi, c'est assez. »

Mais lui me répondit catégoriquement :

« — Bon! le vin est tiré, il faut le boire. »

Et le vin fut bu.

Vous comprenez bien, général, que, quand un homme a ses cinq bouteilles dans le ventre, il ne marche pas très-droit et n'y voit pas très-clair; aussi je ne sais pas bien comment la chose se fit; mais je me trouvai tout à coup avoir la rivière d'Ourcq à traverser.

Je savais un endroit où il y avait, non pas un pont, mais un tronc d'arbre jeté d'un bord à l'autre. Je longeai la berge jusqu'à ce que je le trouvasse, je m'engageai bravement dessus; mais, arrivé au milieu, tout à coup le pied me manque, et patatras! voilà Mocquet à l'eau.

Heureusement que je nage comme un poisson; je tirai ma coupe vers le bord ; mais, soit que la rivière pliât comme une chose flexible, soit que le courant fût trop fort, soit que le bord s'éloignât au fur et à mesure que je m'en approchais, je nageai, allant en avant, suivant le fil de l'eau, mais ne pouvant jamais mettre le pied sur la rive.

Au point du jour, j'entrai dans une rivière plus large.

C'était la Marne.

Je continuai de nager.

Plus la matinée s'avançait, plus il y avait de monde au bord de la rivière ; tout ce monde me regardait passer, disant :

« — Voilà un fier nageur ! Où va-t-il ? »

Les autres répondaient :

« — Probablement au Havre — ou en Angleterre — ou en Amérique. »

Et, moi, je leur criais :

« — Non, mes amis, je ne vais pas si loin ; je vais au château des Fossés porter à mon général la réponse du comte Charpentier. — Mes amis, au nom du ciel, envoyez-moi une barque ; je n'ai nullement affaire ni en Amérique, ni en Angleterre, ni même au Havre. »

Mais eux se mettaient à rire, répondant :

« — Non pas, tu nages trop bien. — Nage, nage, Mocquet ! nage ! »

Je me demandais comment ces gens, que je n'avais jamais vus, savaient mon nom. Mais, comme je ne pouvais pas résoudre cette question et que, quelques efforts que je fisse pour m'approcher du bord, je ne gagnais pas un pouce, je continuai de nager.

Vers quatre heures de l'après-midi, j'entrai dans une autre rivière plus large, et, comme je vis au-dessus d'une petite baraque : *Au pont de Charenton, matelotte et friture*, je présumai que j'étais dans la Seine.

Je n'eus plus de doute quand, vers les cinq heures, j'aperçus Bercy.

J'allais traverser Paris.

J'étais fort content; car je me disais en moi-même :

« — C'est bien le diable si, dans toute la longueur de la ville, je ne trouve pas un bateau où m'accrocher; une âme charitable qui me jette une corde, ou un chien de Terre-Neuve qui me repêche. »

Eh bien, général, je ne trouvai rien de tout cela; les quais et les ponts étaient couverts de monde qui semblait être venu là pour me regarder passer; je criai à tous ces hommes, à toutes ces femmes et à tous ces enfants :

« — Mes amis, vous voyez bien que je finirai par me noyer si vous ne me secourez pas; à l'aide! à l'aide! »

Mais, hommes, femmes et enfants se mettaient à rire et criaient :

« — Ah bien, oui, te noyer, tu n'as garde! Nage, Mocquet! nage! »

Et j'en entendais d'autres qui disaient :

« — S'il va toujours de ce train-là, il sera demain soir au Havre, après-demain en Angleterre, et dans deux mois en Amérique. »

J'avais beau leur crier :

« — Ce n'est pas tout cela; je porte une réponse au général; il attend la réponse. Arrêtez-moi donc! arrêtez-moi donc! »

Ils répondaient :

« — T'arrêter, Mocquet? Nous n'en avons pas le droit, tu n'es pas un voleur. Nage, Mocquet! nage! »

Et, en effet, sans pouvoir m'arrêter aux trains de bois, aux piles des ponts, aux bateaux de blanchisseuses, je continuai de nager, passant successivement en revue, à droite, la place de l'Hôtel-de-Ville, à gauche la Conciergerie, à droite le Louvre, à gauche l'Académie, puis le jardin des Tuileries, puis les Champs-Élysées, jusqu'à ce qu'enfin j'eusse laissé Paris derrière moi.

La nuit vint, je nageai toute la nuit.

Le matin, je me trouvai à Rouen.

Plus j'avançais, plus la rivière s'élargissait, et plus, par conséquent, les bords s'éloignaient de moi.

Je me disais :

« — Et ils appellent cela la Seine inférieure, ils sont bons enfants! »

A Rouen, j'excitai la même curiosité qu'à Charenton et à Paris; mais, comme à Charenton et à Paris, on m'invita à continuer de nager, en calculant, comme à Charenton et à Paris, le temps qu'il me faudrait, si je marchais toujours de ce train-là, pour aller au Havre, en Angleterre ou en Amérique.

A trois heures de l'après-midi, j'aperçus une immense étendue d'eau devant moi, avec une grande ville à droite bâtie en amphithéâtre et une petite à gauche.

Je présumai que la petite ville à gauche était Honfleur, la grande ville en amphithéâtre à droite le Havre, et l'immense étendue d'eau la mer.

J'étais trop loin des bords pour exciter la curiosité de la population; je ne rencontrais que des pêcheurs sur leurs barques, qui s'interrompaient au milieu de leur pêche pour me regarder passer en disant :

« — Ce sacré Mocquet, voyez donc comme il nage : c'est pis qu'un canard. »

Et, moi, je leur disais en grinçant les dents :

« — Tas de canaille, va !

En attendant, c'était moi qui allais, et d'un fier train, je vous en réponds. Aussi, je ne tardai pas à sentir au mouvement de la vague que j'étais en pleine mer.

La nuit vint.

J'aurais pu appuyer à droite ou à gauche ; mais, comme rien ne m'attirait plus particulièrement à gauche qu'à droite, je continuai à nager en ligne directe.

Vers le point du jour, j'aperçus devant moi quelque chose comme une ombre. Je fis un effort pour me dresser dans l'eau et voir par-dessus les vagues. J'y parvins, et il me sembla que c'était une île.

Je redoublai d'efforts, et, le jour venant de plus en plus, je m'aperçus que je ne m'étais pas trompé.

Une heure après, je mettais pied à terre.

Il était temps : je commençais à me fatiguer.

Mon premier soin, en arrivant dans l'île, fut de chercher quelqu'un à qui demander où j'étais.

Vous comprenez bien, général, que je comptais profiter de la première occasion pour revenir en France. Je me disais :

« — Ma femme va être inquiète et le général furieux, d'autant plus que, quand je leur raconterai ce qui m'est arrivé, ils ne voudront pas me croire. »

Et remarquez bien que je n'étais qu'au commencement de mes aventures.

L'île me parut déserte.

Par bonheur, j'avais si bien dîné au port aux Perches, que je n'avais pas faim du tout. Seulement, j'avais soif, mais cela ne m'inquiétait pas : j'ai toujours soif.

Je trouvai une source et je bus.

Puis je me mis en devoir de visiter l'île ; car, enfin, si j'étais destiné, comme Robinson, à vivre dans une île, mieux valait connaître cette île plus tôt que plus tard.

L'île était plate et sans une seule colline. Je m'avançais à travers un marais dix fois large comme celui de Value. Au fur et à mesure que j'avançais, j'enfonçais davantage dans la tourbe et je sentais la terre trembler autour de moi. J'essayai d'aller à gauche, j'essayai de revenir sur mes pas, partout la terre cédait, menaçant de m'engloutir. Je me décidai donc à aller droit devant moi pour tâcher d'atteindre une grosse pierre que je voyais à cinquante pas à peu près.

J'y parvins.... Ma foi, il était temps : je sentais la terre s'enfoncer sous moi, comme le jour où, du côté de Poudron, je fus obligé de mettre mon fusil entre mes jambes. Seulement, je n'avais pas de fusil, de sorte que cette dernière ressource me manquait.

Je montai sur le rocher, et je m'assis à son extrémité.

Mais à peine y fus-je installé, qu'il me sembla que mon poids, ajouté à celui du rocher, le faisait entrer petit à petit dans le marais. Je me penchai, et je n'eus bientôt plus de doute : le rocher s'enfonçait d'un pouce à peu près par minute et je pouvais calculer, à six pieds par heure, que, dans deux heures, si aucun moyen de salut ne se présentait, je serais englouti.

Une ou deux fois j'essayai de descendre et de gagner un endroit plus solide. Mais il faut croire que la terre s'amollissait de plus en plus : la première fois, j'entrai jusqu'au genou, la seconde jusqu'à mi-cuisse, de sorte que je n'eus que le temps de me raccrocher à mon rocher et de remonter dessus.

Mais mon rocher lui-même s'enfonçait toujours.

Je compris que tout était fini pour moi ; j'essayai de me rappeller une des prières que ma mère m'avait apprises lorsque j'étais tout petit ; mais il y avait si longtemps de cela, que j'avais tout oublié.

J'étais assis ; je laissai tomber ma tête sur mes genoux, en fermant les yeux.

Mais je n'avais pas besoin de voir pour me rendre compte de la situation.

Je sentais le rocher qui continuait de s'enfoncer d'un mouvement presque insensible, lorsque, tout à coup, une grande ombre effleura mon œil, même à travers mes paupières, et il me sembla que quelque chose passait entre le soleil et moi.

Je rouvris vivement les yeux.

Ce qui passait entre le soleil et moi, c'était un aigle superbe, ayant plus de dix pieds d'envergure. Il tourna quelque temps autour de ma tête. Je crus qu'il avait de mauvaises intentions et je cherchais une arme quelconque pour me défendre, lorsqu'au lieu de s'abattre sur moi, il s'abattit devant moi, replia ses ailes, lissa ses plumes, et, me regardant d'un air goguenard, me dit.

« — C'est donc toi, Mocquet ? »

J'avoue que je fus on ne peut plus étonné d'entendre un aigle m'adresser la parole et me nommer par mon nom ; mais, depuis quelque temps, il m'arrive des choses si extraordinaires, que mes étonnements sont de courte durée.

« — Oui, monsieur, lui répondis-je poliment, c'est moi.

» — Comment te portes-tu ?

» — Mais assez bien pour le moment. Et vous ?

» — Moi, comme tu vois, je me porte à merveille. »

Puis, après un moment de silence :

« — Tu me parais inquiet, me dit-il ; qu'as-tu donc ?

» — Ma foi, monsieur, lui répondis-je, je ne vous dissimulerai pas que j'aimerais autant être rentré chez le général, auquel j'ai une réponse à donner de la part du comte Charpentier, que d'être ici.

» — C'est-à-dire, mon cher Mocquet, que tu cherches un moyen de transport et que tu n'en trouves pas.

» — Vous y êtes, monsieur, » m'écriai-je.

Et je me mis à lui raconter comment vous m'aviez envoyé à Oigny, comment j'avais rencontré Berthelin, comment il m'avait invité à sa noce, comment je m'étais grisé, comment j'étais tombé dans l'Ourcq, comment de l'Ourcq j'avais passé dans la Marne, de la Marne dans la Seine et de la Seine dans la mer; comment, enfin, j'avais débarqué dans l'île où j'avais l'honneur de le rencontrer, et cela, juste au moment où la position devenait assez critique pour me donner de graves inquiétudes.

« — En effet, dit l'aigle en jetant un coup d'œil sur mon rocher qui s'enfonçait de plus en plus, il n'est guère à croire que tu puisses te tirer d'affaire, mon pauvre Mocquet.

» — Vous croyez ? lui demandai-je.

» — Ah! me dit-il, tu es le dix-septième que je vois mourir comme cela. »

Je laissai échapper un gémissement.

« — Bon! dit-il, ne te désespères pas trop : tu as la chance de tomber sur un des genres de mort les plus rapides et les moins douloureux, tandis qu'en continuant de vivre, tu étais exposé à un tas de maladies plus douloureuses les unes que les autres, aux rhumatismes, à la goutte, aux névralgies, à la phthisie, à la paralysie... »

Je l'interrompis.

« — Sauf votre respect, monsieur, lui dis-je, vous qui êtes si savant, ne connaîtriez-vous donc point un moyen pour moi de quitter cette île; car, si caressante que soit la mort que vous me promettez, j'aimerais encore mieux vivre, fût-ce cent ans, en courant toutes les chances mauvaises de la vie, que de mourir dans une heure, si agréablement que ce soit.

» — Tu as donc bien peur de la mort?

» — Ce n'est pas pour moi, c'est pour ma famille; et puis j'ai une réponse à rendre au général de la part du comte Charpentier.

» — Eh bien, je vais être bon garçon, quoiqu'il soit inconvenant de se griser comme tu l'as fait, et surtout le saint jour du dimanche. — Monte sur mon dos.

» — Comment, m'écriai-je; que je monte sur votre dos?

» — Oui, et tiens-toi bien, de peur de tomber.

» — Vous voulez plaisanter.

» — Foi d'aigle, dit l'oiseau en posant sa patte droite sur sa poitrine, je parle sérieusement. Ainsi, accepte mon offre, ou prépare-toi à mourir étouffé dans la boue comme un crapaud; aussi bien voilà ton piédestal qui s'enfonce, et je ne donne pas un quart d'heure sans que ce soit le tour de la statue. »

En effet, il n'y avait plus du rocher hors de la boue que la partie sur laquelle portaient mes deux pieds, et encore la tourbe liquide commençait-elle à mouiller la semelle de mes souliers.

Je regardai autour de moi et compris qu'il n'y avait pas d'autre moyen de salut que d'accepter la proposition que me faisait l'aigle; en conséquence, prenant mon parti :

« — Je vous remercie de l'offre que vous me faites, monsieur, lui dis-je, et l'accepte de grand cœur; seulement, je crains d'être un peu lourd.

» — Bon ! dit l'aigle, ne crains pas cela, je suis fort. »

Il s'approcha de moi, releva ses ailes de manière à ce que je pusse me mettre à califourchon sur son dos sans en gêner les mouvements; je l'empoignai par le cou et il s'éleva rapidement dans l'air.

D'abord, je le serrai un peu fort, car je craignais de tomber; mais, au mouvement qu'il fit, je compris que je gênais sa respiration et j'ouvris un peu la main.

« — C'est bien, dit-il ; maintenant, cela va aller tout seul.

» — Pardon, lui dis-je le plus poliment que je pus, attendu que je me voyais à son entière discrétion, — s'il plaît à Votre Seigneurie, et sauf le respect que je dois à son jugement supérieur, il me semble que nous ne prenons pas le chemin de la maison.

» — Tout à l'heure, tout à l'heure, dit l'aigle ; j'ai pour le moment affaire dans la lune, et nous allons d'abord y passer. »

Vous comprenez ma stupéfaction ! je faillis en perdre l'équilibre et me laisser tomber

« — Dans la lune ! m'écriai-je ; mais je n'ai point affaire dans la lune, moi ; je n'y connais personne. Vous auriez dû me prévenir. Cela me retarde, de passer par la lune.

» — Bon ! dit l'aigle, vingt-quatre heures de plus ou de moins ; qu'est-ce que c'est que cela ? Si je t'avais laissé sur ton île, tu aurais été autrement en retard. Décide-toi donc ; viens avec moi ou va-t'en.

» — M'en aller ! lui dis-je ; vous en parlez bien à votre aise. Par où voulez-vous que je m'en aille ?

» — Par où tu voudras. Tu comprends, la route est libre.

» — Non pas, peste ! j'aime encore mieux aller avec vous dans la lune. J'attendrai à la porte pendant que vous ferez vos commissions. »

Cependant, nous continuions de monter ; la terre ne m'apparaissait déjà plus que comme un brouillard et la mer comme un miroir, tandis qu'au-dessus de ma tête, je voyais la lune s'élargir au fur et à mesure que la terre diminuait.

La nuit vint, la terre se couvrit d'obscurité,

tandis qu'au contraire la lune s'illuminait de la réflexion du soleil, que je voyais écorné par la terre.

L'aigle montait toujours.

Il vint un moment où la terre me cacha entièrement le soleil ; alors je me trouvais dans l'obscurité la plus complète ; j'avais entièrement perdu de vue la lune.

L'aigle montait toujours.

Peu à peu la terre démasqua le soleil et le jour revint.

Le soir, je n'étais plus qu'à deux ou trois lieues de la lune ; elle m'apparaissait comme une grosse boule jaunâtre de la forme d'un fromage de Hollande ; elle avait un gros bâton fiché dans le côté comme la queue d'une poêle.

Je présumai que c'était par là que la prenait le bon Dieu quand il avait affaire à elle.

« — Mon cher Mocquet, me dit l'aigle, nous voilà arrivés ; mets-toi à cheval sur ce bâton et attends-moi. »

Il ne s'agissait pas de discuter, vous comprenez bien ; je fis ce que désirait l'aigle et me cramponnai de mon mieux à cette espèce de manche à balai.

Il me sembla qu'il branlait dans la lune ; de plus, le poids de mon corps le fit incliner ; en sorte que je me trouvai comme sur un cheval qui se cabre.

CAUSERIES.   185

« — Le diable t'emporte, aigle maudit! » murmurai-je en patois picard, pour qu'il ne m'entendît pas.

Mais lui éclata de rire et dit :

« — Bonsoir, Mocquet! si tu te trouves bien là, restes-y mon garçon.

» — Comment, que j'y reste?

» — Sans doute.

» — D'abord, je ne m'y trouve pas bien.

» — Tant pis ; mais ce n'est pas moi qui te porterai ailleurs.

» — C'était donc une farce ? m'écriai-je. Eh bien, elle est jolie, votre farce !

» — Non, Mocquet, ce n'est point une farce, c'est une vengeance.

» — Une vengeance? Et pourquoi vous vengez-vous de moi? Je ne vous ai rien fait.

» — Comment, tu ne m'as rien fait? Tu as, l'année dernière, déniché mes petits sur la plus haute tour du château de Vez.

» — Allons donc, j'ai déniché deux émouchets; vous n'êtes pas un émouchet, vous.

» — Oui, fais l'innocent, va !

» — Monsieur l'aigle, je vous jure...

» — Au revoir, Mocquet!

» — Monsieur l'aigle...

» — Porte-toi bien.

» — Au nom du ciel !...

» — Bien du plaisir. »

Et, battant des ailes, il s'envola en riant.

Je ne riais pas, moi, vous comprenez bien ; le bâton s'inclinait de plus en plus : si j'avais pu accrocher un coin de la lune, je me serais au moins assis dessus, et j'eusse été plus à mon aise ; mais je tenais le bâton à deux mains, je n'osais le lâcher d'une seule, de peur que les forces ne manquassent à l'autre, et que je ne fusse précipité.

En ce moment-là, justement la porte de la lune s'ouvrit, criant sur ses gonds comme une porte qui depuis plus de trois mois n'a pas été graissée, et l'homme de la lune parut...

— Quel homme? demandai-je de mon coin.

— Dame, répondit Mocquet, probablement celui qui la garde.

— Il y a donc un homme dans la lune?

— Oh! cela, je puis le certifier : je l'ai vu comme je vous vois, et, de plus, il m'a parlé.

— Que t'a-t-il dit?

— Il m'a dit :

« — Que fais-tu là, fainéant?

» — Comment, fainéant? lui dis-je ; eh bien, je vous réponds qu'il y a peu d'êtres de notre espèce qui font une besogne pareille à celle que je fais en ce moment.

» — Et à quel propos fais-tu cette besogne-là?

» — Oh! je n'en ai pas eu le choix, » lui dis-je.

Et je lui racontai comment vous m'aviez envoyé chez le comte Charpentier, comment j'avais trouvé Berthelin, comment il m'avait invité à sa noce, comment je m'étais grisé, comment j'étais tombé dans l'Ourcq, comment de l'Ourcq j'étais passé dans la Marne, de la Marne dans la Seine, et de la Seine dans la mer. Puis vint l'histoire de l'île du marais, du rocher, de l'aigle ; puis je lui racontai comment ce misérable oiseau m'avait abandonné sur mon bâton comme un perroquet sur son perchoir, en me souhaitant bien du plaisir, souhait qui était loin de se réaliser ; enfin, je le suppliai de me tendre la main et de m'aider à monter sur la lune.

Mais lui, commençant par tirer sa tabatière de sa poche, puis l'ouvrant, y fourrant ses doigts, y puisant une prise de tabac et la reniflant, secoua la tête.

« — Comment, vous secouez la tête ? m'écriai-je.

» — Oui, Mocquet, je la secoue, répondit le priseur.

» — Qu'est-ce que cela veut dire ?

» — Cela veut dire que tu ne peux pas rester ici.

» — Comment, je ne peux pas rester ici ?

» — Non ; tu vois bien que tu fais pencher la lune.

» — Certainement que je le vois bien.

» — Alors, tu comprends, si la lune penche encore d'un degré ou deux, tu vas renverser mon eau, qui est là dans le creux d'un rocher. Et, comme il ne pleut ici que tous les trois mois, qu'il a plu avant-hier, je serai mort de soif avant les prochaines pluies.

» — Mais aussi, m'écriai-je, je ne compte pas rester ici, vous comprenez bien. Je profiterai de la première occasion qui se présentera pour la terre.

» — Il n'y a jamais d'occasion pour la terre, me répondit l'homme.

» — Il n'y a jamais d'occasion ?

» — Jamais...

» — Comment ferai-je alors ?

» — Tu lâcheras le bâton ; et, comme la terre est juste au-dessous de la lune en ce moment, dans deux ou trois heures, tu seras arrivé.

» — Mais je me briserai comme verre. — Allons donc !

» — Quoi, allons donc ?

» — Jamais.

» — Jamais quoi ?

» — Jamais je ne lâcherai mon bâton.

» — Ah ! tu ne le lâcheras pas !

» — Non, je ne le lâcherai pas.

» — Eh bien, c'est ce que nous allons voir. »

L'homme de la lune, qui avait gardé sa tabatière

dans sa main, la remit dans sa poche, rentra dans sa maison et en sortit cinq minutes après avec une hache.

A cette vue, je devinai son intention et je frémis de tout mon corps.

« — Eh! mon cher monsieur, lui dis-je, j'espère bien que vous n'allez pas couper mon bâton. Mais c'est tout simplement un meurtre, un assassinat. Ah! vieux drôle! ah! vieux coquin! ah! vieux... »

Un craquement terrible me coupa la voix : au troisième coup de hache, le bâton s'était rompu et je tombais, mon bâton entre les jambes, avec une telle rapidité, que la voix m'en manqua.

Débarrassée de moi, la lune se remit d'aplomb, et je vis l'homme qui suivait des yeux ma chute à travers l'espace avec une satisfaction qu'il ne se donnait pas même la peine de cacher.

Au bout de dix minutes, à peu près, d'une chute furieuse, il me sembla entendre à mes oreilles un grand bruit d'ailes accompagné de formidables *coing! coing! coing!*

Je passais à travers une bande d'oies sauvages.

« — Comment! me dit le jars qui conduisait la troupe, c'est vous, Moquet? »

J'avoue que cela me fit plaisir de me trouver en pays de connaissance. — Seulement, comment cette oie me connaissait-elle? C'est ce que je n'ai jamais pu savoir.

« — Ma foi, oui, répondis-je, c'est moi-même.

» — Êtes-vous en bonne santé?

» — Pour le moment, cela ne va pas mal, répondis-je ; mais j'ai peur que, d'ici à peu, il n'y ait du changement.

» — Sans être trop curieux, continua le jars, puis-je vous demander comment il se fait que je vous rencontre à vingt mille lieues de la lune et à soixante mille lieues de la terre? »

Alors je lui racontai comment vous m'aviez donné une commission pour le comte Charpentier, comment j'avais rencontré Berthelin, comment il m'avait invité à sa noce, comment je m'étais grisé, comment j'étais tombé dans l'Ourcq, comment de l'Ourcq j'étais passé dans la Marne, de la Marne dans la Seine et de la Seine dans la mer. Puis vint l'histoire de l'île, du marais, du rocher, de l'aigle. Je lui narrai comment ce misérable oiseau m'avait conduit à la lune, m'avait abandonné sur le manche de la lune, et comment l'homme de la lune, voyant que je la faisais pencher, avait craint que je ne répandisse son eau, avait pris une hache et avait coupé le bâton. — En preuve de quoi, je lui montrai le bâton que j'avais encore entre les jambes.

Peut-être me demanderez-vous comment je pouvais raconter tout cela en tombant, puisque, entraîné par mon poids, je devais tomber bien plus vite que les oies ne pouvaient voler. Mais, à ce commandement : *Coing! coing! coing!* qui veut dire, dans la langue des oies, *Reployez vos ailes!* toute la troupe avait reployé ses ailes ; n'ayant plus rien pour se soutenir, chaque oie tombait en même temps que moi, comme un gros grêlon.

« — Ah! ah! fit le jars après m'avoir écouté avec attention, si bien que tu dégringoles?

» — Je dégringole, c'est le mot.

» — Que donnerais-tu bien à celui qui te garantirait de te déposer à terre aussi doucement que sur un lit de plumes?

» — Je lui donnerais ma bénédiction d'abord, et, foi d'homme, j'y ajouterais bien un petit écu.

» — Eh bien, moi, je t'y déposerai pour rien.

» — Pour rien? c'est encore mieux.

» — Mais à une condition, cependant.

» — Laquelle?

» — Tu me jureras de ne jamais faire la chasse aux oies sauvages.

» — Oh! si ce n'est que cela, je vous le jure.

» — Couag! » fit l'oie sauvage.

Cela veut dire : *Attention!*

« — Nous y sommes! répondirent les oies.

» — Prenez chacune un bout du bâton dans votre bec, » commanda le jars.

Les oies obéirent.

« — La! et maintenant, étendez les ailes. »

Les deux oies commandées étendirent les ailes, et je sentis que je m'arrêtais dans ma chute.

« Ah! sapristi! » m'écriai-je.

C'était la respiration qui me revenait.

Je fis une évolution sur mon bâton et je me trouvai assis de côté, comme une femme sur une bourrique. Je tenais le bâton des deux mains, et, comme de regarder en bas me donnait le vertige, le jars ordonna au reste de la bande de voler au-dessous de moi et de me faire avec son corps une espèce de tapis de pied.

Pendant toute cette conversation et toute cette opération, nous étions insensiblement descendus, et la terre, non-seulement s'était refaite visible, mais m'apparaissait dans tous ses détails. Nous remontions vers le Midi, ce qui était mon chemin direct, et je revoyais successivement le Havre, Rouen, Paris.

Arrivé à Paris, je criai à mon jars qui nous servait de guide :

« — Un peu à gauche, l'ami, un peu à gauche! »

Il répéta dans sa langue :

« — Un peu à gauche! »

Et nous obliquâmes.

J'avoue que je revis avec une grande joie Dammartin, Nanteuil, Crépy.

« — Un peu à droite ! » dis-je, arrivé à cette dernière ville.

Et le jars prit un peu à droite.

Tout à coup, je m'aperçus que la bande, au lieu de s'abaisser, s'élevait.

« — Mais c'est ici, m'écriai-je, mon ami jars, c'est ici ; descendez-moi donc ! Voilà Value à ma droite, voilà Haramont à ma gauche, voilà les Fossés juste au-dessous de moi. Descendez-moi donc ! descendez-moi donc !

Mais lui criait :

« — Plus haut ! haut ! »

Et, sans m'écouter, la troupe lui obéissait.

J'allongeai la main pour l'attraper ; j'avais une envie terrible de lui tordre le cou.

Il m'échappa, mais comprit parfaitement mon intention.

« — Ah ! voilà comme tu es reconnaissant, Mocquet ? me dit-il.

J'étais exaspéré.

« — Mais ne vous apercevez-vous donc pas, lui dis-je, que nous nous éloignons de chez le général... pour aller où ? je n'en sais rien... au diable !

» — Mocquet, dit le jars d'une voix douce, pour être une oie, on n'est pas pour cela un imbécile. N'as-tu donc pas vu ?

» — Si fait, j'ai vu ; j'ai vu le château du général, j'ai vu Villers-Cotterets, et voilà que nous appuyons à droite et que je vois la Ferté-Milon, et que je vois Melun, Montargis, Moulins.

» — Oui, tu as vu bien des choses ; mais tu n'as pas vu Pierre, le jardinier, qui était embusqué derrière une haie avec son fusil, et qui nous attendait pour nous canarder.

» — Bah ! Pierre est un maladroit, il vous eût manquées.

» — Il y a, mon cher Mocquet, chez les oies, un proverbe qui dit : « Il n'est pires coups que les » coups de maladroit. »

» — Oh ! mon Dieu ! mon Dieu ! fis-je ; mais où allons-nous maintenant ? Bon ! voilà que je revois la mer. Qu'est-ce que cette mer-là ?

» — C'est la mer Méditerranée, que les anciens appelaient mer Intérieure, parce qu'elle est entièrement enfermée dans les terres et n'a de communication avec le grand Océan que par le détroit de Gibraltar.

» — Savez-vous que vous êtes fort instruite pour une oie, lui dis-je.

» — J'ai beaucoup voyagé, répondit modestement le jars.

» — Mais enfin, où allons-nous ?

» — Nous allons au lac Tchad.

» — Où est cela, le lac Tchad ?

» — Au centre de l'Afrique.

» — Comment, au centre de l'Afrique? dans le pays des nègres?

» — Justement.

» — Mais je n'y ai point affaire, moi; je n'y veux pas aller. Halte-là! halte! Tenez, voilà justement un bâtiment qui va entrer à Marseille; descendez-moi sur le bâtiment, descendez-moi vite.

» — Je ne puis te descendre tout à fait, tu sais bien que partout où est l'homme nous courons un danger.

» — Eh bien, approchez-vous le plus possible, je me laisserai tomber.

» — Libre à toi.

» — C'est bien heureux... La! je crois que j'y suis.

» — Non, pas encore.

» — Et maintenant?

» — Pas encore.

» — D'ici, je tomberai juste sur le pont.

» — D'ici tu tomberas à la mer.

» — Et d'ici?

» — Tu y es, mais ne perds pas de temps. Il passe... il sera passé. Bon voyage! »

En effet, j'avais lâché le bâton, mais une seconde trop tard. Au lieu de tomber sur le bâtiment, je tombai dans son sillage.

Comme je tombais d'une centaine de pieds de haut, j'allai jusqu'au fond de la mer. Heureusement, j'avais fait provision d'air ; je retins ma respiration, et je revins à la surface.

On m'avait vu tomber du bâtiment, et une barque m'attendait avec quatre rameurs et un contre-maître.

Oh ! général, je ne saurais vous dire ma satisfaction quand je sentis une main d'homme au lieu d'une patte d'oie, et quand je me vis porté sur un bâtiment au lieu de voyager à cheval sur le dos d'un aigle, ou assis sur un bâton porté par des oies.

Deux heures après, nous étions à Marseille.

Je courus à la malle-poste : par chance, il restait une place avec le conducteur ; je la retins, — et me voilà !

Maintenant, général, pardon du retard ; mais vous conviendrez qu'il ne fallait pas moins de huit jours pour aller du port aux Perches au Havre, du Havre à l'île du marais, de l'île du marais à la lune, de la lune à la Méditerranée, de la Méditerranée à Marseille et de Marseille ici.

Voici la réponse du comte Charpentier, général.

Et Mocquet tendit une lettre à mon père.

Mocquet a toujours cru qu'il avait été dans la lune. On a eu beau lui soutenir qu'il n'avait pas quitté son lit et avait eu le cauchemar, il soutint, lui, qu'il avait bel et bien fait le voyage que je viens de raconter.

Mocquet me prit en grande amitié, surtout parce que j'étais le seul qui ne lui rît pas au nez quand il parlait de l'aigle vindicatif, de l'homme de la lune et du jars savant.

Je ne lui riais pas au nez, parce que je croyais fermement qu'il avait fait le voyage de la lune, et que je ne regrettais qu'une chose : c'était de ne l'avoir pas fait avec lui.

— Mais soyez tranquille, me disait Mocquet, si j'y retourne, je vous prendrai avec moi et nous irons ensemble.

Mocquet est mort sans y retourner.

Maintenant, y a-t-il quelqu'un qui cherche un compagnon de voyage pour aller dans la lune?

Me voilà.

CE QU'ON VOIT CHEZ MADAME TUSSAUD.

I

Dernièrement, j'avais quelques amis à dîner, — un phrénologue américain, un médecin hongrois, un réfugié italien, — et, parmi eux, un négociant germano-anglo-indien fort aventureux, fort aimable, fort millionnaire; ce qui, chez lui, qualité étrange, au lieu de gâter la chose, l'embellit.

Il se nomme M. Young, marquis de Badaour.

C'est le nabab pur sang.

Au dessert, il leva son verre.

— Messieurs, dit-il, un toast !

On connaît la solennité de pareilles paroles sortant de la bouche d'un Allemand ou d'un Anglais.

Or, quand l'Allemand est Anglais, ou l'Anglais Allemand, ces paroles sont doublement solennelles.

On fit silence.

— A ceux, dit M. Young, qui viendront avec moi, mercredi prochain, aux courses d'Epsom.

— Bon ! dit une voix, pour aller aux courses d'Epsom, il eût fallu s'y prendre il y a un mois. Vous ne trouverez plus une chambre à louer dans les hôtels, plus une voiture à louer dans les écuries.

— Aussi, répliqua M. Young, il y a un mois que je me suis précautionné. J'ai retenu deux étages de London-Coffee-House, et un de mes amis a dû louer une calèche où nous tiendrons facilement douze. Je puis donc offrir à chacun de ceux qui me feront raison de mon toast une place dans ma calèche, une chambre dans mes deux étages ; pour tout le reste, et les courses d'Epsom passées, chacun sera libre comme l'air.

Mon fils et moi fîmes raison au toast.

C'était pour moi une occasion de voir, non-seulement les courses d'Epsom, mais encore l'exposition de Manchester; c'était pour mon fils celle de voir les courses d'Epsom, l'exposition de Manchester, et, par-dessus le marché, l'Angleterre, qu'il ne connaissait pas.

— Où est le rendez-vous? demandai-je.

— Lundi soir, à sept heures et demie, dans la cour du chemin de fer du Nord.

Il ne fut pas dit autre chose.

On vida son verre là-dessus; l'engagement était bien autrement sacré que s'il eût été passé devant notaire.

Le lundi, à sept heures et demie du soir, nous étions, Alexandre, M. Young et moi, dans la cour du chemin de fer; à huit heures moins un quart, nous montions en waggon; à trois heures du matin, nous arrivions à Calais; à trois heures et demie, le paquebot s'éveillait, toussait, se mettait à nager, et, deux heures après, à travers la limpide transparence de l'atmosphère matinale, nous abordions à Douvres sans avoir perdu de vue les côtes de France.

Le premier convoi du chemin de fer venait de partir; nous avions une heure à dépenser en attendant le second.

Il n'y a pas grand'chose à voir, à Douvres, à six heures du matin.

— Bon! me direz-vous, il y a la mer, et l'on ne se lasse pas de voir la mer!

Vous avez raison pour tout autre pays que Douvres; mais, à Douvres, on ne voit pas la mer, on ne voit que le brouillard.

Je ne sais pour combien de parties d'azote, d'oxygène ou d'eau, le brouillard entre dans l'air respirable des Anglais; mais ce que je sais, c'est que les Anglais ne peuvent pas se passer de brouillard.

Les Anglais ont généralement le spleen au mois de novembre.

Vous croyez qu'ils ont le spleen à cause du brouillard, qui commence en novembre pour ne finir qu'en mai.

Point du tout.

Ils ont le spleen parce que, pendant quatre mois, ils ont été privés de brouillard. Le brouillard leur manque!

C'est si vrai, que, dans les pays où il n'y a pas de brouillard, ils en font un, du moment où ils se sont décidés à l'habiter. — Voir Gibraltar et Malte. Le brouillard était inconnu à Gibraltar avant 1704, et à Malte, avant 1800; mais les Anglais ont pris Malte aux Français et Gibraltar aux Espagnols : Gibraltar et Malte ont aujourd'hui du brouillard, comme Douvres et Southampton.

Vous me demanderez avec quoi les Anglais font leur brouillard.

Avec du charbon de terre, je présume.

Mais il ne s'agit pas de cela. J'ai constaté, en passant, que ce n'était pas le bon Dieu qui faisait le brouillard, mais que c'étaient les Anglais ; c'est tout ce qu'il me faut.

Je disais donc qu'à six heures du matin, il n'y avait pas grand'chose à voir à Douvres ; ce qui ne m'empêcha point de demander à une espèce de cicerone parlant moitié anglais, moitié français :

— Qu'avez-vous à me montrer ?

Il fut d'abord assez embarrassé, chercha un instant, puis me dit :

— Voulez-vous voir la coulevrine de la reine Anne ?

— Va pour la coulevrine de la reine Anne.

Nous nous mîmes en route.

Chemin faisant, mon cicerone voulut m'expliquer ce que c'était que la reine Anne.

— Oh ! mon ami, lui dis-je, je connais la reine Anne aussi bien que vous, et peut-être mieux. C'était une grosse reine, fort couperosée, ayant eu douze ou quatorze enfants dont elle eut le malheur de ne pas conserver un seul pour lui succéder; aimant fort le vin de France, dont Louis XIV se chargeait de lui faire sa provision ; s'inquiétant peu de la religion ; qui s'en alla tant soit peu au diable sous son règne ; une reine, enfin, à laquelle le statuaire chargé de conserver sa ressemblance, en mémoire de ces deux détails sans doute, a fait la mauvaise plaisanterie de couler, à la porte de Saint-Paul, une mauvaise statue de bronze qui tourne le dos à l'église et regarde le marchand de vin. Vous voyez donc que je connais la reine Anne presque aussi bien que mon confrère M. Scribe, qui, sans doute pour être désagréable à son ombre, a fait le *Verre d'Eau*, à telles enseignes, que la pièce commence par cette phrase :

« Monsieur le marquis, cette lettre parviendra à la reine; *j'en trouverai les moyens, je vous le jure*, et elle sera reçue avec les égards *dus à l'envoyé d'un grand roi*. »

— Je vois que vous connaissez la reine Anne, que vous connaissez même M. Scribe...

— Je le sais par cœur, comme vous voyez, mon ami, puisque, à distance, je puis vous citer une phrase qui, à mon avis, est un modèle de langue.

— Mais vous ne connaissez pas la couleuvrine.

— Cela, je l'avoue.

— Allons donc voir la couleuvrine.

La couleuvrine de la reine Anne est une couleuvrine comme toutes les couleuvrines, un peu plus longue peut-être, voilà tout.

Ce qui fait le charme de la couleuvrine de la reine Anne, c'est son inscription; cette inscription indique le degré d'affection que se portent les deux peuples, anglais et français.

Voici l'inscription de la coulevrine de la reine Anne :

« Tenez-moi propre, chargez-moi convenablement, et j'enverrai un boulet de Douvres à Calais. »

Merci, voisins! Les petits cadeaux entretiennent l'amitié.

Après cette visite à la coulevrine, nous avions encore du temps à perdre : j'entrai au buffet du chemin de fer.

Je voudrais bien qu'un savant hygiéniste, mon ami Place, par exemple, qui dans ce moment est chargé, sous le rapport de l'hygiène, de faire l'éducation des Bruxellois, voulût bien me dire ce que l'on peut prendre dans un buffet, à six heures du matin, après avoir fait quatre-vingt-dix lieues en chemin de fer et dix ou douze lieues en bateau à vapeur.

Il n'est point que vous ne sachiez, chers lecteurs, que la mer, furieuse d'avoir, à la suite de je ne sais quel cataclysme, séparé deux peuples destinés à si bien s'entendre dans l'avenir, fait incessamment rage entre Douvres et Calais, et est plus fatigante, pendant les deux heures ou deux heures et demie que l'on met à la traverser dans sa plus étroite largeur, qu'elle ne l'est quelquefois quand on va de Portsmouth à New-York, ou de Lorient à Buenos-Ayres.

Je ne dis pas cela pour moi : j'ai le bonheur de regarder du haut du pont la mer avec un suprême dédain ; elle ne m'a jamais produit qu'un seul effet : c'est de me donner de l'appétit ; plus elle est grosse, plus elle me creuse.

Cependant, comme il est difficile de manger au milieu de gens qui font tout le contraire, on en arrive, en mettant pied à terre, à des dépravations d'estomac qui vous épouvantent quand on y réfléchit à tête reposée.

A peine si j'ose dire ce que je demandai en entrant au buffet.

Je demandai une tasse de café à la crème.

Le café à la crème qu'on prend chez soi est rarement bon ; une fois que vous êtes engagé sur les grandes routes, il ne l'est jamais ; mais, en arrivant en Angleterre, c'est un breuvage qui n'a plus de nom.

Peut-être me demanderez-vous, chers lecteurs, pourquoi je m'arrête sur de pareils détails, ayant probablement autre chose à vous raconter. Vous êtes injustes, car c'est pour vous ce que j'en fais. Il n'y a effectivement rien d'impossible à ce qu'un jour ou l'autre vous alliez en Angleterre, à ce que vous ayez faim en arrivant à Douvres, et à ce que, ayant faim, vous demandiez comme moi une tasse de café à la crème.

Je fis hommage du mien à un fort bel épagneul

qui, errant entre les jambes des voyageurs, indiquait, par les prévenances qu'il semblait avoir pour eux, sans distinction de sexe, de nation ni de rang, qu'il appartenait à la maison au même titre que certains garçons de restaurant, lesquels, n'étant point payés par l'établissement, lui appartiennent cependant et vivent des pourboires qu'ils reçoivent.

Le chien me regarda en animal qui ne demande pas mieux que de séparer le fait de l'intention, et, ne voyant rien d'hostile sur mon visage, il se contenta de me tourner dédaigneusement le dos, sans même faire ce que j'avais fait, c'est-à-dire approcher ses lèvres de l'affreux breuvage.

Maintenant que j'y réfléchis, je lui sais gré de cette modération. Il avait le droit de me mordre.

A six heures, nous quittâmes Douvres. Il me sembla que nous passions entre une falaise gigantesque et la mer. Je dis *il me sembla*, mais je n'oserais pas en répondre : il faut que la vapeur ait une rude force pour couper un pareil brouillard !

Trois heures après, je crus m'apercevoir que nous glissions sur des toits. Nous entrions à Londres ; et bientôt nous descendions à London-Coffee-House.

M. Young avait à voir ses amis, nous avions à voir les nôtres. Il nous donna rendez-vous à cinq heures, à l'hôtel ; nous dînions avec lui à Blackwall.

Le dîner, comme la chambre, comme la calèche, était commandé de Paris.

Nous prîmes un bain et nous sautâmes, Alexandre et moi, dans une voiture.

Nous sommes, en général, émerveillés, nous autres Français, de voir le train dont vont les voitures à Londres; nous en faisons honneur, tant que nous n'avons pas payé nos cochers, à une race de chevaux supérieure à la nôtre; mais, quand nous avons prononcé le sacramentel *how much*, qui veut dire *combien*, le mystère nous est expliqué: la rapidité ne vient point de ce que le coursier est croisé arabe ou anglais; elle vient de ce que le cocher est payé au mille, et que plus il parcourt de milles dans la journée, plus il gagne de schellings. Il va vite, mais il va cher! On peut hardiment compter le double du prix de la France.

Consignons un fait en passant: c'est que presque jamais un cocher anglais n'accroche, et que, si ce malheur lui arrive, au lieu d'injurier son accrocheur, chacun salue l'autre en riant, comme pour dire: « Quels imbéciles nous sommes! » et, poussant son cheval, qui en arrière, qui en avant, le décroche comme il peut, sans le moindre échange de mauvaises paroles ou de coups de fouet.

Les cochers d'omnibus surtout sont merveilleusement adroits. Ils conduisent des colosses qui sont, dans l'ordre des voitures, ce que les léviathans sont dans l'ordre des poissons ; un coup de leur queue ferait sombrer immédiatement le cab le plus solide. Eh bien, ils connaissent leur force et n'en abusent pas. Assis à quinze pieds de terre, graves comme si leurs siéges étaient des trônes et leurs véhicules des États, gantés et cravatés comme des gentlemen, ils paraissent condescendre par complaisance à vouloir bien conduire dans leurs voitures les passants là où leurs plaisirs ou leurs affaires les appellent.

Quand on arrive à l'île d'Elbe, on vous prévient que vous allez tout trouver un tiers au-dessous de la nature ; quand vous arriverez à Londres, soyez prévenus que vous trouverez tout un tiers au-dessus, — jambon, rosbif et bifteks compris.

Au reste, Londres, qui est grand deux fois comme Paris, est vite vu, à la surface bien entendu.

Quand vous avez remonté trois rues à droite, que vous les avez redescendues à gauche, — Haymarket, Regent street et Oxford street, — vous avez tout vu, en fait de rues.

Il y a une énorme ressemblance entre la Belgique et l'Angleterre : Londres est un gigantesque Bruxelles.

Alexandre avait, d'ailleurs, ses idées arrêtées sur Londres ; il y allait pour acheter du papier, de la porcelaine et du plaqué ; les courses d'Epsom et l'exposition de Manchester ne venaient que secondairement.

Il en résulta qu'au bout d'une heure, nous nous dédoublâmes, nous donnant rendez-vous à Hyde park pour quatre heures ; il sauta dans un cab, je restai dans mon coupé ; il tira à droite, je tirai à gauche.

II

Qu'on ne donne point une mauvaise interprétation à ces deux mots *à gauche*.

J'allais voir le musée de madame Tussaud, et Alexandre en faisait fi... Or, c'est précisément dans ce musée de madame Tussaud que je veux vous prier de me suivre, chers lecteurs. Une autre fois, je vous raconterai peut-être tout au long mes promenades dans Londres et mes excursions à Epsom et à Manchester.

Heureusement pour vous, vous ne vous rappelez probablement pas le boulevard du Temple tel que le chanta le pauvre Désaugiers. Eh bien, sur le boulevard du Temple s'élevait le salon de Curtius, où l'on m'a conduit quand j'étais enfant et où je suis retourné jeune homme ; j'avouerai que toutes ces célébrités en cire, depuis la chaste Suzanne jusqu'à Papavoine, avec leurs yeux fixes et leurs vêtements toujours trop larges aux biceps et trops étroits aux coudes, ont laissé un profond souvenir dans mon esprit ; on les retrouve encore, il est vrai, aux foires de province, mais isolées, éparpillées, solitaires et tristes de leur solitude. Qu'il y a loin de là à cette brillante réunion dont elles faisaient partie du temps du café de l'Épi-Scié et du théâtre de Bobèche !

Quand je pense que c'est sur ce même boulevard du Temple que j'ai rencontré Hugo pour la première fois, dans la baraque d'un homme qui montrait un squelette de sirène, dont il prétendait avoir refusé la veille vingt-cinq mille francs, au gouvernement français !

Eh bien, le musée de madame Tussaud, c'est le royaume des figures de cire, présidé, comme la bataille d'Austerlitz, par les trois empereurs : l'empereur François, l'empereur Alexandre, l'empereur Napoléon. Tout souverain proscrit, tout grand criminel égaré, toute célébrité qui craint de fondre au grand soleil peut aller frapper à la porte de madame Tussaud ; elle pratique l'hospitalité sur une grande échelle.

Au reste, quand la montagne ne vient pas à madame Tussaud, madame Tussaud n'est pas plus fière que Mahomet, elle va à la montagne. Son musée est non-seulement le musée des hommes, mais encore celui des choses. Elle a acheté les ordres de lord Wellington après sa mort ; elle a acheté la voiture de Napoléon après Waterloo ; elle a acheté la chemise de Henri IV après la révolution de 1830 ; elle a acheté jusqu'à la guillotine de Louis XVI !

Aussi son musée est-il divisé en deux exhibitions bien distinctes : celle que tout le monde voit moyennant deux schellings, et celle qu'on ne voit que moyennant quatre schellings.

Celle-ci est insidieusement appelée le *musée des horreurs*, titre qui, vous le comprenez bien, pique vivement la curiosité des visiteurs, à qui l'on n'a garde de dire que, pour leurs deux premiers schellings, ils ne verront que des choses agréables, comme Wellington sur son lit de parade, Tom Pouce en costume de général et Henri VIII et ses six femmes.

Si bien qu'une fois engrené de deux schellings, trouvant insuffisantes les choses agréables que l'on a vues, on se décide, moyennant deux autres schellings, à voir les *horreurs*.

Le même motif qui a porté madame Tussaud à mettre lord Wellington sur son lit de parade au nombre des *choses agréables*, l'a portée à mettre Napoléon sur son lit de camp au nombre des *horreurs*.

Décidément, madame Tussaud cache là-dessous quelque épigramme historique.

Il va sans dire que je sacrifiai mes quatre schellings ; deux pour voir les choses agréables, deux pour voir les horreurs.

Mais j'ai toujours désiré voir une guillotine au repos, à l'état inoffensif.

J'ai conduit dans mes livres tant de gens à l'échafaud, que c'est bien le moins que je sache comment un échafaud est fait. J'en ai vu en gravure, c'est vrai ; mais la gravure laisse un souvenir bien vague.

J'étais donc tiré, malgré moi, vers la guillotine de madame Tussaud, ou plutôt vers la guillotine de M. Sanson, comme le dit une inscription clouée à la muraille.

Eh bien, je vous jure que c'est une mécanique fort ingénieuse, et dont le citoyen Guillotin avait le droit d'être fier.

Celle de madame Tussaud ne laisse rien à désirer. Elle est complète : le panier attend à droite, la bascule est baissée, le couperet est levé ; il n'y manque absolument que le condamné.

Dernièrement, cette guillotine toute prête tenta un Parisien. Il voulut voir comment on était sur cette bascule, et le cou pris dans cette lucarne : en conséquence, il releva la partie mobile de la lucarne, se coucha sur la bascule, passa sa tête par la lunette, et, une fois là, abaissa la partie supérieure de la lucarne au niveau de son cou. Il croyait qu'une fois la lucarne abaissée, il n'y avait plus qu'à la relever, et à retirer la tête en arrière comme fait un colimaçon qui veut rentrer dans sa coquille.

Le Parisien était dans l'erreur.

Une fois la tête prise dans la lucarne, la tête doit y rester jusqu'à ce qu'elle tombe. La guillotine est une chose sérieuse.

Un petit ressort qui s'échappe sournoisement de lui-même fixe le dessus de la lucarne, et, comme ce ressort n'est connu que de l'exécuteur, le condamné parvînt-il à délier ses mains, ne parviendrait pas à faire jouer le ressort.

Il fallait tout prévoir!

Or, notre Parisien, après être resté cinq minutes sur sa bascule, la tête à la lucarne, voyant que l'on ne voyait rien, que le son qui garnit le fond du panier, et que cette vue était peu variée, essaya de relever le dessus de la lucarne pour retirer sa tête, continuer sa visite, remonter dans son cab et rentrer à son hôtel.

Il se figurait l'effet qu'il ferait en France, en racontant à table d'hôte qu'il avait essayé la guillotine de Louis XVI et qu'il avait passé sa tête par la même lucarne où le petit-fils de saint Louis avait passé la sienne.

Seulement, il ajouterait :

— Mais, moi, pas bête, je l'ai retirée!

Il avait déjà fait sa phrase, comme vous voyez.

Malheureusement, il avait compté sans son hôte.

Quand il voulut relever la lucarne, la lucarne se refusa à tout mouvement.

Le Parisien insista : la lucarne tint bon.

Il comprit qu'il y avait un ressort et chercha le ressort.

Mais, tout à coup, il lui vint une idée qui lui fit pousser une goutte de sueur à chacun de ses cheveux : c'est qu'il pouvait se tromper de ressort et lâcher celui qui, au lieu de faire relever la lucarne, ferait tomber le couteau.

Alors il se serait décapité tout seul, sans avoir la moindre envie de suicide, sans compter qu'il ne pourrait plus raconter, dans ce monde-ci du moins, qu'il avait essayé la guillotine de Louis XVI.

Or, il lui semblait que, dans l'autre, le récit ne ferait aucun effet.

Le Parisien, imbu de cette idée qu'il pourrait se tromper de ressort, pensa qu'il n'avait rien de mieux à faire que d'appeler.

Il appela.

On ne vint point.

Il cria.

Les visiteurs, entendant ses cris, s'approchèrent.

— Que diable fait là cet homme? demanda un de ces bons Londrins que *Punch* désigne sous le nom de *cockneys*.

— Oh! lui répondit un autre visiteur d'un esprit plus actif, cette bonne madame Tussaud ne sait qu'inventer pour la satisfaction de son public. Elle a pensé que la guillotine sans patient était dénuée d'intérêt, et elle a loué un brave jeune homme qui fait semblant d'être criminel; seulement, comme on ne guillotine pas à Londres, elle a poussé la vérité historique jusqu'à louer un Français pour représenter le patient.

— A l'aide! au secours! criait le Parisien.

— Très-bien, très-bien, jeune homme! répondait l'Anglais; vous jouez merveilleusement votre rôle; bravo!

—Mais, monsieur, criait le patient, ce n'est pas un rôle, je vous jure. Je suis là par accident.

— Oh! oui, bravo! c'est comme cela qu'il faut continuer.

— Que dit-il? demandaient les autres visiteurs qui s'amassaient en foule.

— C'est une leçon qu'il répète; seulement, il la répète bien.

— Messieurs, messieurs, au nom du ciel, criait le Parisien d'une voix qui allait s'affaiblissant; messieurs, délivrez-moi; mais faites bien attention, ne vous trompez pas de ressort! Messieurs, oubliez que vous êtes Anglais et que je suis Français: tous les hommes sont frères... Messieurs, à l'aide! au secours!

— Oh! bravo! bravo! répétait l'Anglais.

Et chacun d'applaudir et de battre des mains.

Enfin, les applaudissements, les bravos et les battements de mains firent si grand bruit, qu'un des employés de l'établissement accourut, fendit la foule et pénétra jusqu'au captif, auquel il demanda à quelle sorte de plaisanterie il se livrait.

Au premier mot qu'il entendit, le patient comprit qu'il lui arrivait du secours.

Il parlait un peu anglais; l'employé de l'établissement parlait un peu français.

Les deux interlocuteurs finirent par s'entendre.

L'employé commença par expliquer la chose aux curieux, qui ne voulaient pas, à toute force, qu'on rendît le patient à la liberté.

De son côté, le patient criait qu'on le délivrât sans retard, à l'instant même.

— Monsieur, lui dit l'employé, un peu de patience; un de nos visiteurs est allé chercher sa femme, qui est restée près du berceau du roi de Rome; je vous demande de demeurer jusqu'à ce que cette dame vous ait vu; quelques secondes de plus ou de moins ne sont pas une affaire.

— Mais je ne veux pas rester une seconde de plus, moi! je ne suis pas ici pour amuser votre public : je suis ici comme les autres, pour mon argent.

— Patientez, monsieur, patientez.

— Mais cela vous est bien aisé à dire, vous... J'étouffe, j'étouffe, je vais avoir un coup de sang. A moi! je... j'ai... ouf!

— Où est-il? où est-il? demandait la femme en fendant la foule.

— Le voilà, dit le mari.

— Tu m'avais dit qu'il criait; pourquoi ne crie-t-il plus? Je veux qu'il crie pour moi comme pour les autres.

— Vous entendez, monsieur, dit l'employé traduisant le désir de sa compatriote; madame vous prie de crier.

Mais le patient ne soufflait pas.

— Vous êtes Français, monsieur, et, en votre qualité de Français, vous êtes trop galant pour refuser quelque chose à une dame. Monsieur, deux ou trois cris, voilà tout.

Non-seulement le patient ne criait plus, mais il ne bougeait même plus.

On eut alors l'idée qu'il s'était trouvé mal.

On fit jouer le ressort, on le tira de sa lunette, on le mit sur ses pieds.

Il s'affaissa sur lui-même.

Comme on l'avait présumé, il était complétement évanoui.

On lui fit respirer des sels, on lui jeta de l'eau glacée au visage; enfin, à la grande satisfaction des spectateurs, il rouvrit les yeux.

Son premier mouvement, en revenant à lui, fut de porter ses mains à sa tête. En sentant qu'elle était encore sur ses épaules, il poussa un cri de joie, et, sans réclamer son chapeau, qui l'attend toujours, il s'élança hors des murs de madame Tussaud.

III

Je vous entends.

Vous me demandez si au moins notre homme avait essayé la vraie guillotine de Louis XVI, si c'est bien celle-là que possède madame Tussaud, et si elle n'a pas été changée pendant ses mois de nourrice chez M. Sanson.

Justement, je suis en mesure de vous répondre là-dessus.

Plusieurs historiens avaient raconté qu'au moment de monter à l'échafaud, Louis XVI s'était débattu entre les mains des aides.

Cela me semblait tellement en opposition avec la couleur générale de sa mort, avec la résignation de son testament, que, ne m'en rapportant point à la lettre écrite, le surlendemain de l'exécution, par le père Sanson, à l'Assemblée nationale, je résolus, vers 1832 ou 1833, de me présenter chez l'exécuteur sous un prétexte quelconque, et de le questionner moi-même.

Le prétexte fut bientôt trouvé. Les exécuteurs ont toujours certains remèdes contre certaines maladies, sans compter le remède souverain qu'ils ont contre la vie. Aussi, en Allemagne, appelle-t-on généralement les bourreaux *docteurs*.—Il est vrai qu'en France, on appelle assez généralement les médecins *bourreaux*.

Sanson vendait de la pommade pour les rhumatismes. Cette pommade, selon la légende populaire, se fait avec de la graisse de mort.

Je me présentai chez M. Sanson à huit heures du soir. Il demeurait rue des Marais, n° 71.

Je demandai à parler à M. Sanson; — on me conduisit à lui.

Je savais que lui n'avait jamais exécuté; seulement, il était présent, se tenait au pied de l'échafaud, tandis qu'un de ses quatre aides faisait la besogne.

Depuis 1820, son fils Clément-Henri exécutait. La première exécution qu'il avait faite, c'était à Beauvais, chez son beau-frère, Charles-Constant Desmorets, mort aujourd'hui, et qui avait dans sa vie ce terrible souvenir d'avoir exécuté Georges Cadoudal et ses onze complices.

J'avoue que j'étais assez embarrassé pour entamer la négociation.

Le père Sanson, homme de soixante-trois ans, à peu près, à figure douce, mélancolique et vénérable, me recevait debout et le sourire sur les lèvres.

Ce sourire voulait dire : «Vous êtes un curieux, je le vois bien ; que puis-je faire pour satisfaire votre curiosité ? »

Je pris mon prétexte :

— Monsieur, lui dis-je, un de mes parents est atteint de rhumatismes, et j'ai recours à vous. On lui a recommandé votre pommade comme étant souveraine ; je viens vous en demander un pot.

Sanson ouvrit une armoire, en tira un pot et me le donna.

— Combien? demandai-je.

— C'est selon : votre parent est-il pauvre ou riche ?

— Pourquoi cela ?

— S'il est pauvre, ce n'est rien ; s'il est riche, c'est ce que vous voudrez.

Je lui donnai dix francs.

— Est-ce tout ce que vous désirez? me demanda-t-il.

A mon tour, je le regardai en souriant.

— Non, lui dis-je, je désirerais encore autre chose ; mais, cette autre chose, je n'ose pas vous la demander.

— Parlez.

— Franchement, vous me permettez, n'est-ce pas ?... Puis je ne suis pas tout le monde.

— Je ne vous demande pas qui vous êtes; mais, si vous voulez me dire votre nom...

— Je suis l'auteur d'*Henri III*, de *Christine* et d'*Antony*.

— Ah! monsieur Dumas! Quel dommage que mon fils ne soit pas là; c'est un rude claqueur, allez! il se ferait plutôt écharper que de manquer une de vos premières... Au reste, il est peut-être rentré; attendez.

Il ouvrit la porte et cria :

— Henri! Henri!

Une voix répondit :

— Il n'est pas rentré.

— Ah! par exemple, ce sera un désespoir... Enfin!... Eh bien, vous disiez que vous désiriez quelque chose, monsieur Dumas?

— Vous savez combien les auteurs dramatiques ont besoin de renseignements précis, monsieur Sanson. Il se peut qu'il arrive un moment où j'aie à mettre Louis XVI en scène. Qu'y a-t-il de vrai dans la lutte qui s'engagea entre lui et les aides de votre père, au pied de l'échafaud?

— Oh! je puis vous le dire, monsieur, j'y étais.

— Je le sais, et c'est pour cela que je m'adresse à vous.

— Eh bien, voici : le roi avait été conduit à l'échafaud dans son propre carrosse et avait les mains libres. Au pied de l'échafaud, on pensa qu'il fallait lui lier les mains, moins parce qu'on craignait qu'il ne se défendît que parce que, dans un mouvement involontaire, il pouvait entraver son supplice ou le rendre plus douloureux. Un des aides attendait donc avec une corde, tandis qu'un autre lui disait : « Il est nécessaire de vous lier les mains. » A cette proposition inattendue, à la vue inopinée de cette corde, Louis XVI eut un mouvement de répulsion involontaire. « Jamais ! s'écria-t-il, jamais ! » Et il repoussa l'homme qui tenait la corde. Les trois autres aides, croyant à une lutte, s'élancèrent vivement. De là le moment de confusion interprété à leur manière par les historiens. Alors, mon père s'approcha, et, du ton le plus respectueux : « Avec un mouchoir, sire, » dit-il. A ce mot *sire*, qu'il n'avait pas entendu depuis si longtemps, Louis XVI tressaillit ; et comme au même moment son confesseur lui adressait quelques mots du carrosse : « Eh bien, soit ; encore cela, mon Dieu ! » dit-il. Et il tendit les mains.

— Est-ce que l'échafaud est toujours le même ? demandai-je à Sanson.

— Non, me dit-il, il a été renouvelé ; mais la guillotine, l'ancienne, celle qui a servi à Louis XVI, à Marie-Antoinette, à Madame Élisabeth et à la princesse de Lamballe est dans notre musée.

— Vous avez donc un musée ? demandai-je.

— Oui. Voulez-vous le voir?

— Je crois bien !

— Venez, alors.

Il prit une bougie et marcha devant moi.

Autant que je puis me le rappeler, après vingt-cinq ans, nous montâmes quelques marches et entrâmes, à droite, dans une espèce de galerie.

Là, en effet, était le musée terrible.

Au premier rang, appuyés contre la muraille, les deux portants rouges, et, entre eux, le couperet rouillé.

Au pied des portants, la bascule démontée et les deux paniers : celui qui reçoit la tête, celui qui reçoit le corps.

Après cette sombre relique venait, comme importance, l'épée qui avait décapité Lally-Tollendal.

M. Sanson, voyant ma curiosité, prit cette épée et me la mit entre les mains.

C'était une longue rapière dont la lame avait près de quatre pieds de long ; sa forme était espagnole : sans doute la lame faisait partie de ces fers précieux que l'on trempait dans le Tage ; la garde, tout en fer, comme la poignée, était composée de quatre tiges de fer recourbées de manière à couvrir la main, tandis que la sous-garde, faite en manière d'écumoire, était perforée de petites étoiles dans la concavité desquelles s'engageait l'épée de l'adversaire.

Puis il y avait tout un arsenal de haches, de doloires, de tranche-têtes de toutes façons.

Je vis un peu tout cela, comme dans un songe, à la lueur d'une bougie dont la flamme tremblante faisait trembler les objets qu'elle éclairait.

M. Sanson avait mis une complaisance parfaite à me montrer tous ces objets, de sorte que je n'hésitai point à hasarder la plus indiscrète de mes questions.

Après l'avoir fait précéder de toutes sortes d'excuses :

— Monsieur, demandai-je, est-il vrai que vous pouvez avoir une voiture, mais seulement à la condition que votre nom sera sur cette voiture ?

— Ceci, me dit-il, ce n'est pas une loi ; c'est pis : une loi se rapporte ; c'est une coutume, et une coutume ne s'abolit pas. Au reste, si voulez voir comment on élude une question, venez avec moi, je vous ferai voir ma voiture.

J'étais en train de tout voir, la voiture devait y passer comme le reste.

Nous descendîmes dans une cour, et, sous une remise, je vis une espèce de landau assez massif.

M. Sanson approcha la bougie du panneau.

Ce panneau était orné d'un blason.

— Ce sont des armes parlantes, me dit-il.

L'écusson était de gueules, avec une cloche d'argent. Seulement, la cloche était fêlée, et, au-dessous de la cloche, était écrite cette légende : *Sans son.*

M. de Paris s'en était tiré au moyen d'un calembour.

Maintenant, comment cette guillotine — que j'ai vue démontée, en 1833, dans le musée Sanson, à Paris, — comment cette guillotine se trouve-t-elle remontée, en 1857, dans le musée Tussaud, à Londres ?

Je vais vous expliquer cela.

Comme me l'avait dit son père, Clément-Henri Sanson était un grand coureur de spectacles et de bals.

Il était à toutes les premières représentations ; il ne manquait pas un bal.

Vous croyez qu'il en avait le droit.

Point. M. de Paris n'a pas de droits ; il n'a que des devoirs.

Nous avons dit que le père Sanson n'avait jamais exécuté et que le fils exécutait depuis 1820.

Pendant la nuit du mardi gras de l'an 1836, une exécution fut décidée.

C'était celle de Fieschi.

Lorsqu'une exécution est décidée pour le lendemain, — que le pourvoi en cassation et le pourvoi en grâce sont rejetés, — le ministère de la justice envoie au procureur général l'ordre d'exécution :

le parquet alors fait prévenir l'exécuteur en lui envoyant, par un garçon de bureau, l'ordre d'exécution, et un autre ordre pour que le directeur de la prison lui remette le condamné.

Le parquet prévient également l'aumônier de la prison, la gendarmerie et la police.

Il avait donc été décidé, dans la soirée du mardi gras, que Fieschi serait exécuté le lendemain.

A minuit, le garçon de bureau sonnait à la porte de la rue des Marais, n° 71.

Le père Sanson était à la campagne. Le fils n'était pas chez lui.

L'ordre était urgent; le lendemain, à sept heures du matin, Fieschi, Pépin et Moret devaient avoir cessé de vivre.

Pas d'exécuteurs!

Les domestiques, troublés, disaient qu'ils ne croyaient pas que leur maître rentrât le lendemain avant sept ou huit heures du matin.

Le garçon de bureau courut à la police.

On prévint M. Canlair, chef de la brigade de sûreté, que M. Sanson ne se trouvait pas.

Il s'agissait, quelque part qu'il fût, de retrouver M. Sanson.

Canlair se rendit à la maison de la rue des Marais, interrogea les domestiques, mais n'en tira rien.

Il eut une illumination.

Il connaissait un bal où, selon lui, M. Sanson devait être.

C'était un bal masqué, — un bal, rien que de Turcs.

On se rendit au bal, on garda les issues, on entra dans la salle, on fit démasquer tous les danseurs.

Canlair ne s'était pas trompé.

M. de Paris fut prévenu à temps, Fieschi, Pépin et Morel furent exécutés à l'heure dite ; mais il n'y en eut pas moins un mauvais rapport adressé à qui de droit sur M. de Paris.

Deux ou trois faits du même genre s'étant succédé, Clément-Henri Sanson fut forcé de donner sa démission en février 1847.

Il n'avait d'autre fortune que sa place, les meubles de sa maison et les curiosités de son musée.

Les épées, — celle qui avait tranché la tête de Lally-Tollendal surtout, — les haches, les coutelas se vendirent facilement. Mais la guillotine n'était pas d'un placement commode ; on la fit offrir au musée d'artillerie : le directeur la refusa.

Enfin, Sanson la proposa à madame Tussaud, qui ne fit pas la petite bouche, sauta dessus, et la racheta le prix que le grand-père Sanson l'avait rachetée lui-même après l'exécution de Marie-Antoinette : cinq mille cinq cents francs.

C'est que le grand-père Sanson était royaliste de cœur : après l'exécution du roi, il tomba malade; après celle de la reine, il mourut.

Il ne survécut que six mois à cette dernière.

FIN.

TABLE DES MATIÈRES.

Ah! qu'on est fier d'être Français 5
A ceux qui veulent se mettre au théâtre 35
Eugène Sue, sa vie et ses œuvres 43
Etat civil du comte de Monte-Cristo 119
Les petits cadeaux de mon ami Delaporte 137
Un voyage à la lune 165
Ce qu'on voit chez madame Tussaud 199

FIN DE LA TABLE.

BRUXELLES. — TYP. DE J. VANBUGGENHOUDT, Rue de Schaerbeek, 12.

OUVRAGES PARUS OU A PARAITRE :

LE COCHON DE SAINT-ANTOINE, par Charles Hugo.
VOYAGE EN ABYSSINIE, par A. Vayssières.
LE BOSSU, par Paul Féval.
LES RUINES DE PARIS, par Ch. Monselet.
LES GENTLEMEN DE GRANDS CHEMINS, par Marie Aycard.
CE QU'ON A DIT DES ENFANTS, par E. Deschanel.
LA SUCCESSION LE CAMUS, par Champfleury.
LES CHAUFFEURS, par Élie Berthet.
LES PROPOS AMOUREUX, par Champfleury.
CONFESSIONS DE SYLVIUS (la Bohême dorée), par le même.
HISTOIRE DE RICHARD CŒUR ET DE LA BELLE SOPHIE.
LES ÉCRIVAINS [...]
LES FEMMES DES PEUPLES ANCIENS [...]
AVATAR, par Théophile Gautier.
[...]
ENVERS DE L'HISTOIRE, par Alexandre Dumas.
ÉCOLES BUISSONNIÈRES [...]
[...]
DE L'ART DE LA CONVERSATION, par [...]
HISTOIRE D'UN HOMME [...]
L'ABBAYE DE CHAMBORD, par Paul Saint [...]
HISTOIRE D'UN LIÈVRE, par Edmond About.
DICTIONNAIRE DES VICES ET DES DÉFAUTS DES FEMMES, par Larchey.
ANTHOLOGIE FÉMININE, par le même.
HISTOIRE DU DIABLE, par A. Mocker.
LA LOUVE, par Paul Féval.
HISTOIRE DE MES BÊTES, par Alex. Dumas.
SÉRAPHINE BARISPE, par J. de Brulat.

BRUXELLES. — IMPR. J. VANROBBAEKOYS, RUE DE SCHAERBEEK, 12.

www.ingramcontent.com/pod-product-compliance
Lightning Source LLC
Chambersburg PA
CBHW061957180426
43198CB00036B/1292